賀川豊彦と私たち

―部落問題の解決と番町出合いの家―

表紙の写真（一九二二年、長男・純基を授かり、妻・ハルと満面の笑顔で喜ぶ賀川豊彦）と、裏表紙の「雲の柱の導く儘に」の筆絵は、賀川豊彦記念　松沢資料館発行の『雲の柱』第８号（一九八八年）に収録されているもので、許可を得て掲載しました。

はしがき

二〇一七年四月に、初めての文庫本『賀川豊彦と明治学院・関西学院・同志社』を文芸社セレクションの一冊として刊行していただきました。それをうけて同年九月には、賀川豊彦学会の第三〇回記念大会が地元神戸の賀川記念館で開催され、「賀川豊彦と神戸―ＫＡＧＡＷＡ　ＧＡＬＡＸＹ」と題する記念講演を担当する機会もありました。

そのすぐあと、アジア・ユーラシア総合研究所（川西重忠所長）による新しい企画―『賀川豊彦著作選集』全五巻の刊行（出版元は東京・厚徳社）―のお話に接することになります。この企画はハイピッチですすみ、二〇一七年一一月には第一回配本がはじまり、翌年（二〇一八年）一月に最終配本を終え、これには「解説」や「校正」などもさせていただき、あらためて賀川豊彦の魅力に引き込まれ「読書の喜び」を満喫いたしました。

時を同じくして、前記記念講演の草稿を整理し『賀川豊彦学会論叢』（第二六号）に届け、部落問題研究所の雑誌『人権と部落問題』の特集「戦後部落問題の分岐点」（二〇一八年七月号）に「部落問題解決の偉業に学びつつ―『番町出合いの家』の小さな実験のなかで」を寄稿して、この度の新著『賀川豊彦と私たち―部落問題の解決と番町出合いの家』を産み出す「新しい夢」を抱き始めました。

かてて加えてこのたびは、日本生活協同組合の菅谷明良さんから『生活協同組合研究』誌の「賀川豊彦生誕一三〇年特集―賀川豊彦を現代に語り継ぐ」（二〇一八年一〇月号）への寄稿「死線を越えて我は行く」の依頼もお受けしました。

わたしたちはあっという間に馬齢をかさね、はや「傘寿」が近づいています。若き日に神戸市長田区の下町・番町の居宅（四番町三丁目二番地中根荘八号）に「日本基督教団兵庫教区番町出合いの家伝道所」を創設（一九六八年四月一六日設立認可）し、新しく「在家労働牧師」として生きる小さな実験をスタート、今年はあの日から数えてちょうど「五〇年」を迎えました。

まだまだ長い（？）人生の途上にありますが、ここで一つの「節目」をつくり、新たな一歩を踏み出すために、前記の最新論稿を中心に、わたしたちの新婚時代に仕上げた拙い試論や若き日のゴム工員として汗を流した雑役時代の日記の一部なども取り込んで、ここまでのわたしたちの半生の小さな記録のひとつとして仕上げておくことにしました。多くの知友の温かいご友誼に感謝しつつ、本書の「はしがき」といたします。

二〇一九年四月一六日

番町出合いの家創立五〇周年の記念の日に

番町出合いの家牧師

鳥 飼 慶 陽

目次

第一部　賀川豊彦と神戸

第一章　賀川豊彦と神戸—KAGAWA GALAXY—

賀川豊彦学会公開講演の記録（二〇一八年九月三日、賀川記念館）

はじめに

漱石の門下としても名高い内田百閒《ひやっけん》の随筆『阿呆の鳥飼』をご存じでしょうか。百閒は家中に鳥かごを並べるほどの鳥好きだったようですね。私もふるさと・鳥取の片田舎で、カナリヤや文鳥やメジロなどを飼って楽しんだことがありますが…。

はじめまして…「番町出合いの家」の鳥飼です。賀川豊彦学会のはじめての神戸での開催、たいへん有難くとても嬉しいことです。しかもこうして「賀川豊彦と神戸」というお題で、皆様の前でお話の出来る機会をいただき、光栄に存じます。

昨年（二〇一六年）一一月三〇日には、BS朝日のテレビ番組「昭和偉人伝」では「賀川豊彦」が取り上げられました。実にうまくできた作品でした。もう三〇年近く前、一九八八年の「賀川生誕百年」の時には、NHKの教育番組で「賀川豊彦を知っていますか」が製作されました。『賀川豊彦と現代』を書き下ろした後でもあり、番組制作にも少し協力してカメラを向けられたりしました。あれ以来のことですね。

そしてその後、二〇〇九年の「賀川献身一〇〇年」においては東京・神戸・徳島と大規模なプロジェクトが組まれ、ネット上には「賀川豊彦献身一〇〇年記念事業オフィシャルサイト」も立ち上げられ、現在もこのサイトは伴武澄氏のもとで継続して閲読可能になっています（http://k100.yorozubp.com/）。神戸のこの賀川記念館もその記念の年に再建され、新しい出発をいたしました。

あの記念の年にはまた、クォータリー（季刊）『aT』一五号では「賀川豊彦：その現代的可能性を求めて」の特集が組まれ、山折哲雄先生をはじめ、小南浩一先生、加山久夫先生、栗林輝夫先生など興味深い論稿が寄せられました。特に、増田大成さんの「今、生活協同組合の賀川豊彦を問う―コープこうべの経験が教えるもの―」の「NPOひょうご農業クラブ」の実践や、澤口隆志さんの「賀川豊彦と生活クラブ生協―上からの『社会改革派』と下からの『生活改革派』―」の問題提起には注目させられました。また二〇一一年には、松沢資料館によって『日本キリスト教史における賀川豊彦―その思想と実践―』という大著で多角的な「賀川論」が展開され、以後新たな若手研究者も加わり、「賀川豊彦学会」も大きな広がりを見せています。

先日（二〇一七年八月二七日）は、「六甲荘」において神戸の都市形成にかかわる共同研究の著作『神戸百年の体系と未来』が完成してその出版記念会が開催され、「神戸市の総合基本計画」の分析などが行われました。

本日のレジュメの「はじめに」で四冊の研究本を刊行順に挙げておきました。「賀川生誕百年」の年の一九八八年に出た『米騒動と被差別部落』には徳永高志さんの「都市部落における米騒動―神戸の場合―」が、その翌年（一九八九年）関西学院大学の安保則夫さんが『ミナト神戸―コレラ・ペスト・スラム―』を、そして布川弘さんが一九九三年に『神戸における都市下層社会の形成と構造』を、さらに二〇〇三年には杉之原寿一さんが『神戸市における同和行政の歩みと同和地区の実態の変化』を刊行されました。徳永・布川・杉之原の三氏は、私の働いてきた神戸の研究所時代の同労の方々です。

ところでお断りするまでもなく、私の場合「賀川研究」とは程遠く「賀川愛好家」の独り言の域を出るものではありません。本日もせっかく「賀川豊彦と神戸」というお題を頂きながら、不十分な「私的なレポート」になります。当初「学会ニュースレター」には副題を「その足跡に学ぶ」としていましたが、本日は「ＫＡＧＡＷＡ　ＧＡＬＡＸＹ」に変更いたしました。「賀川豊彦と神戸」についてお話をさせて頂くには、やはり「賀川豊彦」だけでなく「賀川と共に生きた同労者たち：ＫＡＧＡＷＡ　ＧＡＬＡＸＹ」を含まないわけにはいかないからです。

ここ数年間、賀川記念館の機関誌『ボランティア』で「賀川と共に生きた同労者たち」を連載し、そのタイトルが「ＫＡＧＡＷＡ　ＧＡＬＡＸＹ」です。本日コピーしてお配りしましたが、連載はすでに一〇回以上になり、武内勝・吉田源治郎・村島帰之・黒田四郎・徳憲義・馬島僩・芝ヤヘ・三浦清一・深田種嗣・木立義道・牧野仲造・井上増吉といった諸先輩の大きな足跡を、手探りで短くまとめてみました。

振り返れば誠に不思議なことですが、この半世紀ほどの間、「賀川豊彦とその仲間たち」の息吹を受けて、この神戸の地で「もぐらぐらし」を続けてきましたが、小南先生のお誘いでこの機会に「個人的な打ち明け話」をさせていただくことになりました。喜寿を迎えている私には、こんな機会はもう無いかもしれませんね。

お話の柱は四つで、1．「賀川豊彦と神戸」、2．「『賀川豊彦とその仲間たち』と神戸」、3．「賀川らによって神戸の人と暮らしはどう変革されたのか―時代を先取りした先進的な模索」、4．「神戸における在家労働牧師としての小さな模索―〈「部落問題の解決と賀川豊彦」〉に触れて」としてみました。

ところでみなさんは、この記念館の近辺の「ぶらり散歩」は済まされましたでしょうか。三宮方面から広い国道を来られたと思いますが、むかし「葺合新川」といわれてきた場所は一般的に、この記念館のある「吾妻通」を含めて、国道を挟んで南浜側の「北本町・南本町・真砂通」のある広い地域をさしていました。賀川が「新川」に住み始めた明治四二年のころはまだこの国道はありませんでした。

豊彦がハルと出会い、一九一三（大正二）年五月に「生田区山本通四丁目」にあった「神戸日本基督教会」で結婚式を挙げ、翌年、豊彦はプリンストンへ、ハルは横浜の共立女子神学校で学ぶあいだに、武内勝ら青年たちが「イエス団」の新しい活動拠点とした場所が、この記念館のある「吾妻通」です。

賀川夫妻は、一九一七（大正六）年五月にここに戻ってきて、一九二三（大正一二）年九月の関東大震災の救援のために神戸を離れるまで、神戸において消費組合や労働運動・農民運動をはじめとした社会運動の草創期を開拓したことは、広く知られています。

この賀川夫妻の「神戸時代」だけの著作でも膨大でどれも力作ばかりです。『基督伝論争史』『貧民心理の研究』『精神運動と社会運動』『人間苦と人間建築』『主観経済の原理』という五冊の大著をはじめとして、与謝野晶子の序の入った箱入りポケット版の真っ赤な貧民窟詩集『涙の二等分』と『地殻を破って』『星より星への通路』『雷鳥の目醒む前』という三冊の随筆、『イエスの宗教とその真理』『聖書社会学の研究』『人間として見たる使徒パウロ』『生存競争の哲学』『生命宗教と生命芸術』『イエスと人類愛の内容』『イエスの日常生活』『イエスと自然の黙示』という八冊の講演集や論文集もいずれも箱入りの上製本です。勿論賀川はこの「神戸時代」に小説『死線を越えて』（上巻）、『太陽を射るもの』（中巻）、そして『空中征服』を仕上げました。

御覧の通りこの国道を挟んで浜側にはいま、高層住宅が林立しています。

今から五〇年余り前、一九六六年三月末に私たちはこの町の住民になりましたが、この風景は一九六〇年代にはありませんでした。一九六七年七月九日は「六甲山系豪雨災害」が発生して、九二名の方が亡くなり、三八三〇五戸が被災しました。当時はまだこの浜側には、戦前賀川が力を尽くして制定させた「住宅地区改良法」にもとづいて、神戸で最初に建設された鉄筋の「共同住宅」が残っていました。今はもうそれもありません。

戦前に建ち上がったこの「共同住宅」は、昭和八年六月から昭和一〇年までに「神戸市立生田川共同住宅」として鉄筋住宅七棟三二三戸、木造簡易住宅六〇戸を完成させますが、戦争が迫り予定の半分で頓挫してしまいます。武内勝氏の所蔵資料の中には「生田川共同住宅」の完成記念の写真が残っていましたが、イエス団がその管理と運営にも関与して「学童クラブ」などを行っていたようです。あの戦争では度重なる神戸空襲で市街地は焼け野原になり、このあたりはイエス団も含めて焼失します。しかし鉄筋住宅の「共同住宅」は焼け残り、戦後はその「共同住宅」に屋上屋をかさねた劣悪な住環境が放置されることになります。

一九六〇年に豊彦が亡くなって三年後、一九六三年にこの賀川記念館は四階建ての立派な建物として完成しました。そこでは従来の「イエス団」の活動を一新させ、新たな構想の下に「新しいセツルメント活動」が進められました。一階は「トヨタ」にお貸しし賃貸料をもらい、二階に「賀川記念館」と「友愛幼児園」、三階の広い集会室は「神戸イエス団教会」の礼拝堂に使用されました。当時から記念館と幼児園と教会の三者が連携して、大変面白い活動が展開されていて、私は相方と共に「神戸イエス団教会担任教師」（当時「副牧師」）として招聘されました。この「吾妻通」も「新生田川」沿いを含めてバラックのような住宅が多く残り、そこで集まりをしていると南京虫が出てきたり、記念館の一室で生活をしていてたびたび南京虫に襲われ、夢の中で怪物のような南京虫にうなされることもありました。

ここで、一九六五年当時の短い映像がありますのでご覧いただきます。国際都市・神戸のど真ん中に劣悪な住環境が放置されていて「共同便所」や「共同水道」の生活を強いられていました。このフィルムは専門のカメラマンが撮影したもので「葺合区生田川地域」と「長田区番町地域」の一断面です（共同水道・診療所・おでん売り・草履づくり、生田川共同住宅・真砂通など）。

賀川豊彦が生涯を終えた一九六〇年には亀井文夫監督のドキュメンタリー作品「人間みな兄弟―部落差別の記録―」が完成し、私はその時同志社大学神学部の壮図寮にいましたが、先輩が寮で上映会を開き、その映像を通してはじめて「部落問題」のイロハを学びました。主に近畿地方の被差別部落にカメラを持ち込み、人々の暮らしを赤裸々に描いた画期的なドキュメンタリーでした。住井すゑの小説『橋のない川』が部落問題研究所の雑誌『部落』に二二回にわたって連載されたのも一九五九年から一九六〇年で、写真家の藤川清さんが写真集『部落』を出版したのも一九六〇年であり、幅広い世論と解放運動の力に押されて、はじめて国が重い腰を上げ「同和対策審議会」を設置した年でもあります。

私たちが神戸イエス団教会に招聘された一九六六年当時は、世界的に思想的な高揚期でものごとを根底から問い直そうとする創造的な変革期でした。キリスト教界においても「福音とは何か」「教会とは何か」

「牧師とは何か」を問い直しつつ、ドイツの神学者、D・ボンヘッファーや女性思想家、シモーヌ・ヴェイユなどの著作をテキストに神戸の若手牧師たちは読書会などを重ねていました。

私の学生時代は「六〇年アンポ」の時代で、大阪の釜ヶ崎での実習や「キリスト者学生労働ゼミナール」といったプロジェクト―大学生たちが夏休みを利用して一カ月間、大阪女学院の校舎に泊まり込んで、昼間は零細企業で働き、夜は学習交流をするという愉快な経験をしましたが、神戸で生活を始めた一九六六年と一九六七年は連続して「牧師労働ゼミナール」が開催され、牧師たちが一週間ほど昼間は中小企業の労働現場の経験をしながら尼崎の教会で共同生活をする機会にも恵まれました。「労働者伝道」の試みは賀川豊彦や吉田源治郎らによって大正期からその実験を本格的に開拓していたことはご存じのとおりです。

そんなこともあって、私たちは新しい夢―「在家労働牧師として生きる」―に突き動かされて、一九六八年の春から神戸市長田区番町での「新しい生活」をスタートさせていったわけです。

神戸のイエス団は当初この「葺合新川」を活動拠点にしましたが、大正期に入ると「葺合新川」よりも「長田番町」の方が都市スラムの規模が大きくなり、イエス団としても「長田番町」への働きかけが強まります。賀川夫妻が大正六年に再び「新川」に戻り、すぐに若き医師・馬島僴の協力を得て「無料診療所」を開始して「新川」と共に「番町」にも出張所を設けます。用意した資料の中にも「馬島僴」に触れていますが、彼の家族は長田出張所の近くに住居を持ち、家族を挙げて看護・医療活動に関わりました。

これまで「番町地域と賀川豊彦」について主題的に論じられることはありませんが、賀川夫妻は早くから「長田番町」のことを気にかけ、番町地域のど真ん中に「天隣館」と名付けた拠点をつくっています。戦争で「新川」の「イエス団」が焼失した時は、しばらく本部を「番町」に移し、戦後はここを保育所として運営しました。のちに武内勝・雪夫妻を中心に「神視保育園」「天隣乳児保育園」の働きが継続していきます。今年春からは「天隣乳児保育園」は「神視保育園」と合併して、新たにそこで「天隣館」の活動も開始しておられます。

第一節　賀川豊彦と神戸

さて本日は「賀川豊彦と神戸」という主題です。

神戸は今年「開港一五〇年」、賀川が神戸で生まれた一八八八年の翌年一八八九（明治二二）年に神戸市制がスタートしていますから、神戸市制一二八年、来年は「賀川生誕一三〇年」ですね（このたび拙著『賀川豊彦と明治学院・関西学院・同志社』をお読みになった日本生協連の広報の方が、「賀川生誕一三〇年」のためにも嬉しい出版だと言ってお便りを頂きました）。

賀川豊彦が葺合新川に入ったのは一九〇九年ですから、今年は「賀川献身一〇八年」です。この間「賀川豊彦とその仲間たち」の働きによって「神戸の人とまち」はどう変革されていったのか、その足跡を少したどってみたいと思います。出来ることなら、過去の歴史だけではなく「神戸の現在と未来」とどうかかわり、どうかかわろうとしているのかを大胆に「大風呂敷」を広げてズバリ語りたいところですが、私にはそういう器量はありません。

本日のレジュメには、まず最初に「賀川豊彦と神戸」を学ぶために、三冊の本を取り上げています。一冊目は『夜明けの人びと—兵庫百年—』(朝日新聞神戸支局編、昭和四二年、中外書房)で、「大正の人びと」の項目には「賀川豊彦」があげられ、当時賀川と歩みを共にした弁護士の「今井嘉幸」、労働運動の「野倉万治」「青柿善一郎」「河上丈太郎」、川崎造船の社長を務め灘購買組合(日本初の生協)の設立にも関係した「平生釟三郎」などが取り上げられています。

二冊目は『福祉の灯—兵庫県社会事業先覚者伝』(兵庫県社会福祉協議会、昭和四六年)で、福祉事業の先覚者として「賀川豊彦」の他に「武内勝」(救済事業)、「遊佐敏彦」(職業紹介)、「三浦清一・光子」(児童養護)、「木村義吉」(福祉行政)、「村松吉太郎」(YMCA)などが詳しく取り上げられました。友愛幼児園の園長でもあった村山盛嗣さんが神戸市保育連盟の会長の時にまとめられた『神戸の保育園史』(昭和五二年)にも、この分野における賀川関係者の足跡が刻まれています。

もう一冊は平成一三(二〇〇一)年に刊行された『神戸と聖書—神戸・阪神間の四五〇年の歩み—』です。これには全頁にわたって賀川の息吹が伝わってきます。

八頁のグラビアの「神戸を拓いたクリスチャンたち」では九人のうちに「河上丈太郎」「吉野丈夫」が、「弱きものに手をさしのべて」では八枚のうちに「神戸イエス団」「賀川豊彦」「三浦清一」「城ノブ」「三宅廉」があり、「目次」を見ても「第一章・海山をこえて」に「神戸・中央神学校の宣教師と伝道者」、「第二章・仕える人」に「神戸とキリスト教社会倫理」「クリスチャン更生保護の足跡と神戸」、「第三章・新しい感性」に「文学散歩・神戸とキリスト教」、「第四章・神戸クリスチャン人物誌」に「賀川豊彦の宗教思想」「いと小さき人に仕えるために」「賀川豊彦の贈り物」「賀川と生協」「祈りの人—城ノブ—」

「河上丈太郎の政治思想」「三宅廉先生とパルモア病院」「わが同労者を語る―今井鎮雄氏に聞く―」、「第五章・神戸に生まれた学園・施設」に「神戸ＹＭＣＡ」「神戸朝祷会」、「序章」の神戸新聞社長・山根秀夫の「神戸の都市文化を生んだキリスト教」では「ヴォーリズ」、岩村義雄の「神戸と聖書協会」では「福音印刷合資会社」などの記述が目に留まります。

ところで、神戸には『歴史と神戸』という雑誌があります。これは「神戸史学会」の皆さんが郷土史を発掘して発表して来られた読み物で、長年にわたって郷土史家として知られる落合重信先生が編集執筆をしてこられました。落合先生とは長いお付き合いでしたが、一九九五年一月一七日の大震災のあとにお亡くなりになりました。私たちがこの神戸イエス団教会を飛び出て、長田区の番町地区のど真ん中で六畳一間のアパートの一室を借りて「番町出合いの家」を創設し、長田のゴム工場の雑役をしながら「在家労働牧師」の実験を始めたのは今から半世紀ほど前、一九六八年の春ですが、落合先生はその年に『神戸の未解放部落』という書物を出版されました。当時神戸市内には都市部落の大規模な地域が番町など八地区と郊外に一九地区ほどの「未解放部落」が残されていて、未解決のまま放置されていました。その後私たちが一九七四年春「神戸部落問題研究所」を創設するときも、落合先生にはその準備段階から相談に乗っていただき長期間理事を引き受け、歴史研究の分野で活躍していただきました。

この落合先生がお亡くなりになった後、二〇〇〇年二月の『歴史と神戸』（第二一八号、第三九巻第一号）で「賀川豊彦と神戸」の特集が組まれたことがあります。これには小南先生の巻頭論文「賀川豊彦思想の現代性」があって、小南先生を含む六人の方々―安保則夫・黒田展之・佐治孝典・高木伸夫・柳田勘次―の座談会と村山盛嗣氏による賀川記念館の紹介記事が添えられていました。

また拙著『賀川豊彦と現代』（一九八八年）では、神戸における賀川の「誕生」「献身」「医療・就労活動」「労働運動・消費組合・普選運動」にふれていますので、本日はとくに「賀川と共に生きた同労者たち」に目を注いでおきたいと思います。

第二節　「賀川豊彦とその仲間たち（KAGAWA GALAXY）」と神戸

（1）武内勝と吉田源治郎

まず初めに、『賀川豊彦献身一〇〇年記念事業の軌跡：Think Kagawa ともに生きる』（二〇一〇年一一月）に寄稿した「仲間・武内勝と吉田源治郎」を収めます。

二〇〇九年は、東京、神戸、徳島などを拠点として「賀川豊彦献身一〇〇年」を記念する多彩な取り組みが展開されました。二二年前、一九八八年の「賀川豊彦生誕百周年記念事業」の折も、映画「死線を越えて」の製作上映など国内外で大きな盛り上がりを見せましたが、今回の記念事業はこれに参画された人々の広がりも、取り組みの内容的充実度も比較にならないほどの大きな飛躍を見せました。

とりわけ「賀川豊彦の献身の場所」が「神戸葺合新川」であったことと、懸案であった神戸の「賀川記念館の再建」という具体的で大きな課題が重なったことも、大きな要因であったように思われます。

もちろん「賀川記念館の再建」には多くの困難があったはずですが、予定通り二〇〇九年の一二月一二日には「献館式」を、同二二日には神戸ポートピアホテルにおける大規模な記念式典と祝賀の宴を、さらに二〇一〇年四月一七日には「賀川記念館ミュージアム」のグランド・オープンを迎え、七月一〇日には「賀川豊彦生誕地の碑」の除幕式と記念のイベントなどが続いています。

ところで本稿の表題は「仲間・武内勝と吉田源治郎」としています。両人とも地味な働きに徹した方であったことにもよりますが、その全体像についてこれまで主題的に論じられたり、まとめられたりしたものはありませんでした。そんな中で今回、両人を取り上げる報告を求められるに至った経緯は、およそ次のようなことでした。

昨年（二〇〇九年）、十万回以上ものアクセスがあったという「賀川豊彦献身一〇〇年記念事業オフィシャルサイト」において、「賀川豊彦のお宝発見」が「武内勝関係資料」を中心にして九四回にわたりアップされました。そしてさらに引き続き、今年（二〇一〇年）五月から「ＫＡＧＡＷＡ　ＧＡＬＡＸＹ吉田源治郎の世界を訪ねる」（途中から「吉田源治郎・幸の世界」と改称）の新しい連載（一〇月一日現在八七回掲載）が始まっていることが背景にあります。

このサイトでは、昨年公開の「武内勝関係資料のお宝発見」も併せて閲読可能になっています。両者の掲載は相当の分量になっていますが、ここでは限られた紙面でもあり「武内勝と吉田源治郎」についての個人的な感想を短く綴らせていただくことにいたします。

（補記：二〇一二年九月現在「オフィシャルサイト」は閉じられ、元共同通信社の伴武澄氏のもとで、http://k100.yorozubp.com/　において、上記ふたつの連載は閲読可能になっています。）

武内勝の世界

過日（二〇一〇年七月一日）、西宮一麦教会の牧師として三四年間働かれた森彬牧師から「吉田源治郎」のお話をお聴きする機会があり、森氏は「関東のことは分からないが、関西では武内勝は賀川の一番弟子・吉田源治郎は二番弟子と見られてきたと思う」と話されて、これまでお二人の足跡を学び続けていて、私にも納得させられるところがありました。

武内勝は一八九二（明治二五）年生まれ、吉田源治郎は一八九一（明治二四）年生まれでほぼ同い年です。従って、一八八八（明治二一）年生れの賀川とも同年代で、賀川が少々兄貴気分を持つことのできる年齢差で、まさしく賀川・吉田・武内は名物トリオでした。武内は、賀川の「葺合新川」献身のすぐから、吉田も、後に妻となる間所幸《まどころこう》は賀川ハルの横浜共立女子神学校時代のクラスメイトであった関係もあり、結婚後すぐに二人とも「賀川豊彦とその仲間たち」の一組（賀川豊彦・ハル夫妻、吉田源治郎・幸夫妻、武内勝・雪夫妻）として、その全生涯にわたって、歩みを共にしてきた間柄です。

因みに武内勝は、賀川没後六年を経た一九六六年に七四歳で、吉田源治郎は一九八四年に九二歳でその生涯を終えており、現在も「ＫＡＧＡＷＡ　ＧＡＬＡＸＹ」の大切な先達として、特に関西では、多くの人々に憶えられている人物です。

武内勝口述『賀川豊彦とボランティア（新版）』（村山盛嗣編、神戸新聞総合出版センター）が「献身一〇〇年記念出版」として刊行されましたが、一九七四年の本書の旧版は、武内の静かで飾らない情熱を秘めた口述記録として、関係者のあいだでこれまで長く愛読されてきました。この口述は、賀川もまだ健在であった一九五六年のものでしたが、明治の終わりから大正初期の「賀川とその仲間たち」の神戸における働きが、武内勝の独特の語り口でユーモアを交えて語られています。この口述の行われた数年後、周囲の人々の強い要望に応えてさらに連続一〇回の口述を試みていて、その時の録音テープがほぼ完全な形で昨年発見されました。話の内容は、先の口述記録とは大いに異なるもので、これも「お宝発見」の筆頭に上げても良いものです。この貴重な録音は現在神戸の賀川記念館のホームページにおいてネット上で聴くことが可能になっています。

武内勝の略歴

ここでは武内勝の生涯に関してご存じない方のために、この度の新版『賀川豊彦とボランティア』の奥付に編者の村山牧師が書かれた「武内勝の略歴」をそのまま引いておきたいと思います。

「武内勝

一八九二年（明治二五）九月、岡山県邑久郡（現・瀬戸内市）長船町に生まれる。

一九一〇年（明治四三）から、賀川豊彦の同労者として、多彩な宗教・社会活動を助け、神戸における賀川の社会活動の最大の支援・後継者であった。武内は、口入屋から生まれた職業紹介所が国営に移管となるや葺合労働紹介所長となり、一九五一年（昭和二六）四月に神戸公共職業安定所長を退職するまで、三一年間にわたり『日雇い労働者の父』として職業安定行政に従事した。

彼は、その他に東部労働紹介所長兼西部労働紹介所長、葺合労働紹介所長、神戸公共職業紹介所長、協同牛乳社長、神戸生活協同組合長を歴任し、また、兵庫県職業安定審議会委員、同労働保険組合理事、社会福

祉法人・学校法人イエス団常務理事、財団法人愛隣館理事、友愛幼児園長、神視保育園長にも任じられている。

一九六六年（昭和四一）三月三一日、賀川の死から六年後に、武内はイエス団理事会の最中に倒れ、師を追うように他界する。」

また昨年（二〇〇九年）賀川の名著『友愛の政治経済学』（コープ出版）が翻訳出版され話題を呼んでいますが、訳書の中の第七章「共済協同組合」の項で、賀川が神戸における武内勝の開拓的な取り組みに言及していることは記憶に新しいでしょう。

「賀川豊彦のお宝発見」

昨年「献身一〇〇年記念」の年の春、長年待ちわびていた出来事が起きました。それは武内勝・雪夫妻のご子息、武内祐一氏が、今日まで大切に保管しておられた「武内勝関係資料」の閲読をわたしに託されることになったのです。祐一氏とは、若き日に神戸イエス団教会に招聘された頃から今日まで、途切れずに友情を温めることができた方ですが、遂に「武内勝資料の閲読」の時が来たのです。その詳しい経緯もサイト上で詳しく記しましたので割愛し、ここではこの度の「資料」について簡単に触れておくことにいたします。

関係資料は二つの箱に収められていました。便宜上「第一玉手箱」と「第二玉手箱」と名付け、その整理に当たりました。「第一玉手箱」は、雪夫人の筆で「賀川先生の手紙」と書かれた木箱でした。そこには賀川豊彦とハルが生前、武内勝に宛てて送った生の書簡や葉書が一二〇通ほどまとめて収められていたのです。全くそれは私の予期していなかったことでした。

前記の武内勝口述記録『賀川豊彦とボランティア』において、賀川から届いたという書簡の数通のことが紹介されていますが、何故かそれらの書簡は玉手箱には見当たりませんでした。しかし賀川豊彦夫妻の生の書簡が大切に残されていたことは大変なことでした。

そして「第二の玉手箱」には、馬島氏や遊佐敏彦氏など知友から届いた書簡や葉書類、これらも真に貴重なものばかりですが、未整理のまま保存されていました。またそこには「賀川先生新川伝道回顧談」をはじめとした武内の手書きの草稿が五本、さらには大変貴重なアルバム四冊、愛用の丸い黒ぶちの「めがね」も入っていました。

前から機会あるごとに、特に武内勝氏の奥様・雪さんには、是非「武内勝さんの日記」を読ませていただきたいと懇願してまいりましたが、その願いがかなって武内勝の手帳三三冊と大型ノート（昭和二年から四年までの「日記」ほか）が残されていたのです。そこで私の最初の作業は、これらの諸資料をまず分類・整理し、書簡類も年代順に並べ替えてファイルに収め、武内祐一氏の了解を得て判読可能なものはパソコンに打ち込んでいきました。全くの素人で慣れない作業でしたが、伴武澄氏のサポートのお陰で「献身一〇〇年記念事業オフィシャルサイト」のなかに、「賀川豊彦のお宝発見」というコーナーを設けていただき、読みやすくアップされ、昨年の賀川献身一〇〇年の記念の日、二〇〇九年一二月二四日まで九四回の連載となったのです。

吉田源治郎の世界

さて、現在ネット上で連載中のものは「吉田源治郎」のことですが、たまたま上記の武内勝の「お宝発見」の余禄として、私の住む神戸市長田区番町地域における「神戸イエス団」の活動拠点であった「天隣館」―この場所は、賀川や武内、馬島（医師）や芝ヤヘ（賀川ハルの妹）たちの大正時代からの活動拠点で、医療活動のほか日曜学校なども活発におこなわれ、戦後には保育所を開設していました。―で、戦中・戦後ここを拠点にして活躍していた人々―大垣坦弥・とよの夫妻、河野洋子ほかの方々の聞き取りを進める中から、「吉田源治郎のご子息・吉田摂氏が関西学院の学生だったころ、賀川梅子ら関学神学部の学生たちと共に『天隣館』に頻々足を運んでいて、摂氏は関学グリーで鳴らしたお方である」という情報を小耳に挟んだのでした。是非一度会ってその頃のお話を聴きたいという私の希望がかなったのは今年（二〇一〇年）四月になってからのことでした。

吉田摂・梅村貞造両氏との出会い

渡りに船ということで、若き日から吉田源治郎・幸夫妻とは西宮一麦教会及び一麦保育園などで身近に接し、吉田摂氏とも親しかった梅村貞造氏（現在、一麦保育園顧問で西宮一麦教会役員）の積極的な協力もあり、現在甲子園二葉教会（吉田摂氏の所属教会）の元正章牧師も加わり、吉田摂氏の聞き取りが始まりました。吉田・梅村両氏とも現在八〇歳。長年にわたって「賀川豊彦とその仲間たち」の関係資料の収集調査を積み重ねて来られた方々で、梅村氏は主として「西宮一麦教会」並びに「一麦保育園」関連の諸資料を、吉田氏はご両親の生誕から逝去までの幅広い資料を集め、梅村氏はご自身の所属される教会史や保育園史に、吉田氏は「甲子園二葉幼稚園史」などに執筆して来られた方々だったのです。元正章牧師と私は専ら聞き役で、次々と取り出されてくる関係資料や写真類などに驚きながら、「吉田源治郎・幸夫妻の世界」に目を白黒させる事態となりました。思いもかけなかったことですが、その後何度か一麦保育園での出会いを重ねるうちに、梅村氏所蔵の主として「一麦関係資料」と吉田氏所蔵の大量の「吉田源治郎・幸関係資料」が、狭い我が家に持ち運ばれる事態となったのです。新たな「お宝」を喜んでお預かりはしたものの、さてこれをどうしたらよいのか判断のつかないまま、とにかく一通り資料の整理を進めていきました。

吉田源治郎の「説教」と『肉眼に見える星の研究』

実は後先になりますが、四月五日の第一回の集まりの前に、以前寄贈して戴いていた西宮一麦教会の『五十年の歩み』（一九九八年）を取り出し、吉田源治郎牧師の「前進する教会」と題する説教を読んだのです。この説教は一九六七年三月、西宮一麦教会の創立二〇周年記念礼拝での説教を録音し、それを三一年後の記念誌に文章化されたものでした。その吉田源治郎牧師の古い説教に、何故か私の心を捉えるものがあり、何も知らなかった「吉田源治郎牧師」のことを、この機会に学んでみたいと考えるようになっていたのです。

もう一つ私を惹きつけたのは、吉田牧師が『肉眼に見える星の研究』（警醒社書店、一九二二年）という作品を残しておられ、宮沢賢治がそれを読んで作品に活かしていることを耳にし、既に古書店で吉田牧師の著作の初版本を手に入れて読んでいたことも大きかったのです。ともあれ私の知らなかった「吉田源治郎」の略歴のようなものを、ここに短く取り出しておきます。

吉田源治郎の略歴

一八九一（明治二四）年一〇月二日、三重県伊勢宇治山田に生れる。

一九〇七（明治四〇）年、宇治山田教会にてヘレフォード宣教師より受洗。三重県立第四中学から明治学院へ進学。在学中に内村鑑三の主宰する「柏木教友会」に所属。日曜世界社の西阪保治との交流もあり著書『児童説教』を刊行。（妻となる間所幸は、源治郎とは宇治山田教会の日曜学校の生徒であり、賀川ハルの学んだ共立女子神学校で同期同室であった。）

一九一八（大正七）年、京都伏見東教会牧師となり、翌一九一九年には間所幸と結婚、賀川豊彦と交流が始まる。以後、賀川の講演記録の名著（『イエスの宗教とその真理』『聖書社会学の研究』『イエスの自然の黙示』『イエスの人類愛の内容』など多数）を仕上げる。

一九二一（大正一〇）年、「イエスの友会」の命名者。

一九二二（大正一一）年、『肉眼に見える星の研究』を出版、直ぐ米国オーボルン神学校へ留学。

一九二四（大正一三）年、卒業。ユニオン神学校などでも学び、その後賀川と共に欧州視察旅。同年帰国後「四貫島セツルメント」初代館長。

一九二五（大正一四）年、シュヴァイツァー『宗教科学より見たる基督教』翻訳出版。

一九二七（昭和二）年、西宮で賀川・杉山と共に「農民福音学校」開校、主事として参画。戦前・戦後「大阪四貫島教会」「西宮一麦教会」「甲子園二葉教会」その他、多くの教会伝道所の創設と牧会を続ける。

一九六八（昭和四三）年、社会福祉法人イエス団常務理事。

一九八四（昭和五九）年一月八日、九二歳で逝去。

著書（翻訳書や賀川講演録などを除く）『児童説教』『肉眼に見える星の研究』『肉眼天文学』『新約外典物語』『心の成長と宗教教育の研究』『勇ましき士師たち』『五つのパンと五千人』『神の河に水みちたり』

ほか。

「武内勝関係資料」は、神戸文学館での企画展「賀川豊彦と文学」で専門的な学芸員の手によって公開展示され、新たに完成した「賀川ミュージアム」でも現在その一部が公開されています。「吉田源治郎」に関しては、サイトでも紹介しているように先行研究として、岡本栄一氏（ボランタリズム研究所所長）や尾西康充氏（三重大学教授）の労作があり、それらの道案内で今も楽しみながら、たどたどしく連載を続けているところです。

（2）徳憲義（一八九二〜一九六〇）

さてここからは、賀川記念館の機関誌『ボランティア』のコラム「ＫＡＧＡＷＡ　ＧＡＬＡＸＹ」に寄稿して来た同労者たちを、順不同で並べます。まず第一回は「徳憲義」の登場です。

徳は奄美徳之島の出身で沖縄中学を卒業後、関西学院神学部本科に在学中、「新川」に派遣された神学生のひとりです。「新川」時代に子供たちと一緒に賀川とハルが写っているよく知られた写真がありますが、先般「武内勝所蔵資料」のアルバムにあったその写真には、武内の筆跡で「大正三年七月賀川先生プリンストン大学入学のため新川尻海岸にて記念撮影」と記されていたことから、賀川夫妻が「新川」を離れる前のものであったことがはじめて明らかになりました。

加えてさらに、写真右下角には小さな紙が貼られ、左端の大人は「吉岡芳之助」。前列右端は「小田佳男」で、その上は「伊藤平次」。最上段の学生は「平野喬市」で、その前が「徳憲義」と添え書きされ、彼らは関西学院神学部から派遣された神学生たちであることも特定出来たのでした。

徳はその後、一九二三（大正一二）年に渡米し二年後、賀川の母校プリンストン大学神学部で学びつつ在学中に「賀川大兄に捧ぐ」とした処女作『生命の歩み』（新生堂、大正一五年）を出版しています。これには賀川豊彦が一〇頁ほどの「序」を贈りました。その書き出しには次のような言葉があります。

「貧民窟では、毎年関西学院神学部から、応援者を迎へるのが恒例であった。その年も、私は、二人の新しき神学生を迎へた。それは私が貧民窟へ入ってから三年目の四月であった。神戸の空は晴れ渡り、桜が綻んで皆浮かれて居た。殊に原田の森は緑なす六甲の輝きをうけて、社会の嘆きを忘れるほど若い人の胸を溶けさせて居た。さうした中から、特に撰ばれて、貧民窟に応援に来られた兄弟は殊勝な魂の持主であると、私は心から尊敬を捧げたのである。」

徳はプリンストンを卒業後、一九二七（昭和二）年よりロスアンゼルス日本人合同教会牧師に就任していますが、彼は一九三五（昭和一〇）年に帰国するまでも、途切れることなくイエス団の活動を熱心に支え続けていたことは、すでに別のブログで紹介しておきました。

徳憲義には著作も多く、わたしの手許にあるものだけでも『愛の本質』（昭和四年）、詩集『愛は甦る』（同年）、『歌ひつつ祈りつつ』（昭和五年）、『ウェスレーの信仰』（昭和一三年）など逸品ばかり。戦後一九四六（昭和二一）年には関西学院の理事に就き、日本基督教団の巡回教師としても活躍し、賀川豊彦とほぼ時を同じくして一九六〇（昭和三五）年三月、六九歳の生涯を終えています。

没後（一九六二年）『愛しつつ祈りつつ―故徳憲義記念』が纏められ、彼の説教・語録・詩・論説等と共に賀川豊彦・武内勝・浜崎次郎など二十数名におよぶ貴重な想い出の記が遺されています。この記念誌に収められた顔写真には「徳憲義遺影　昭和三三年七月写」と記されています。

なお、徳牧師のように若き日、賀川らの「救霊団」（イエス団）の活動に派遣された神学生たちの名前は、ほかにも賀川の先の「序」にある三名─「坂本」「矢田文一郎」「山中」と、武内の文章「徳憲義先生とイエス団教会」で「米倉次吉」をあげています。草創期の彼等の体験は大きいものでした。

その後今日に至るまで、イエス団と関西学院との交流は深まり、賀川豊彦も関西学院の要請で度々講話に出向き、関西学院の理事を務めると共に、阪本勝・河上丈太郎・今田恵・竹内愛二・中島重・松沢兼人・由木康など、「賀川豊彦（イエス団）と関西学院」の関係は親密なものがありました。

過日、賀川記念館を会場に明治学院関係者の集いがあり「賀川豊彦と明治学院の関係について」報告を求められ、その記録を賀川記念館のＨＰに収めていただきましたが、あらためていま、関西学院や同志社などの関係についても学び直しておくのも面白そうです。

（3）馬島僴（一八九三～一九六九）

今回取り上げる「馬島僴《まじまゆたか》」の顔写真は、鳴門市賀川豊彦記念館の展示図録「賀川豊彦」にありますが、新居格の評伝を著した和巻耿介による馬島の伝記『怪物医師』（光文社文庫）は広く知られています。彼は名古屋で生まれ、賀川や新居と同じ徳島中学で学び、愛知県立医学専門学校を卒業して、徳島市内の病院で医師をはじめた時、賀川豊彦の活動に深く共鳴し、賀川のもとでの医療事業に参画したといわれます。

大正六年五月、賀川は米国留学から戻りすぐ小冊子『慈善・イエス團医院設立趣意書』を作成し、同年七月には賀川を主事に、医師一人、看護婦三人を以て、神戸市葺合区吾妻通五丁目六―二七に無料施療救済所「イエス団友愛医院」を発足させました（その正式認可は同年八月二七日）。最初姫野正義医師が診療に当たり、翌大正七年七月より馬島医師が着任したあと、「新川」に加えて新たに、馬島の名で神戸市林田区（現在長田区）四番町五丁目八番地に「イエス團長田友愛救済所設立許可願」を準備した書類が松沢資料館に残っています。

「神戸新聞」（大正九年三月七日）と「毎日新聞・兵庫県付録」（大正一〇年七月一日）の記事によれば、地元の有力者の協力を得て五番町五丁目八一の所屋に馬島医師一家（五人）が移り住み、午前は「番町」、午後は「新川」で毎日数十名の診察を行っていたことが写真入りで詳しく載っていますから、出張所の設立場所は「五番町五丁目八一」とみてよいと思われます。

しかし馬島が神戸で医師として活動するのは僅かに三年ほどで、大正一〇年七月には、賀川の勧めと援助を受けて、シカゴ大学とベルリン大学へ留学をいたします。馬島は留学先から武内勝宛の絵葉書や村島帰之宛ての書簡（これは新聞記事として）なども残されていることは、賀川記念館のＨＰでご覧いただけます。

馬島は留学を終えて大正一二年二月に帰国しますが、同年九月一日に起こったあの関東大震災の救援のため、賀川の活動拠点が東京本所に移されたことに伴い、馬島も神戸を離れて本所での無料診療所の開設や江東消費組合の設立などに参画します。その後、産児調節の啓蒙や麻薬中毒者の援助に尽くすなど、波乱にとんだ生涯を送りました。

イエス団友愛救済所の働きは、馬島医師のあと於生《おせい》泰造医師が引き受け、さらに賀川ハルの妹・芝ヤヘ医師が大正一四年三月から昭和二〇年六月まで長期にわたり、地道な献身的活動を継続しています。

ところで、賀川生誕百年記念につくられた『賀川豊彦写真集』には「イエス団友愛診療所で診察中の馬島医師」と説明書きのある写真があります。これは大正八年一一月に兵庫県が刊行した『社会救済事業写真帖』に載せられたものです。この『写真集』には、もう一枚「イエス團診療所」とだけ説明書きのある写真も収められています。

先日賀川記念館で「賀川豊彦先生関係資料」と書かれた一冊のコピーファイルに出会いました。それは財団法人イエス団理事長・賀川豊彦による「社会福祉法人への組織変更申請書」（昭和二七年三月）という重要書類の一式コピーです。この書類には、イエス団の名称が「財団法人イエス団友愛救済所」から「財団法人神戸イエス団」「財団法人イエス団」へ変更され、主たる事務所も「神戸市葺合区五丁目三番地」から「葺合区日暮通六丁目六番地」「葺合区吾妻通五丁目三番地」「長田区四番町四丁目七六」「葺合区吾妻通五丁目三番地の一七」へと移動してきたことが記されています。そして「申請書」の提出された昭和二七年三月の段階では「イエス団診療所」は消えて「長田診療所」の名称となり、その所屋は「長田区四番町五丁目一の一番地」にあって「木造瓦葺平屋建」とされています。

既述のとおり「イエス団友愛救済所長田出張所」は最初五番町五丁目八一に開設され、戦前イエス団は四番町四丁目七六に「天隣館」を開館して、昭和二〇年六月五日の神戸空襲により「新川」のイエス団本部が焼失したあと、戦後昭和二四年三月にイエス団が元の場所に再建されるまでの間（登記簿では「昭和二一年三月三一日～昭和二四年三月一五日」）イエス団の本部事務所は「天隣館」に置かれ、診療活動もそこで行われていたのではないかと推測できます。

そして武内勝宛の賀川豊彦の書簡（昭和二六年九月一八日付）には「長田診療所買入・修理」のやり取りが

残っていますので、この時点で上記の「長田診療所」の所屋を確保したものだと思われます。しかしこの「長田診療所」はいつまで続いたのか不明です。また「イエス団診療所」の看板のある写真が残されていますが、その写真はいつどこのものなのか、未解明のままです。

先年目にした「イエス団事業報告」には「昭和二二年内務省はイエス団の診療復興のため金六十五万円也を交付されることになり、兵庫県はその予算をもって生田区花隈町一一七に診療所を設けたので、イエス団診療はここに復興したのであります」として、財団法人イエス団経営の施設に「イエス団診療所」があげられていました。ならばこの写真は、花隈町にあったのかもしれません。まだまだわからないことばかりです。

(4) 芝ヤヘ（一八九八〜一九七四）

前回は「イエス団友愛救済所」の働きに献身した若き医師・馬島僴医師を取り上げました。馬島医師の留学のあと於生《おせい》泰造医師が引き継ぎ、その後賀川ハルの妹・芝ヤヘ医師が大正一四年三月から昭和二〇年六月まで長期にわたり、地道な働きを継続してきたことに触れました。今回はその芝ヤヘ医師のことを探ります。後述するように、芝医師は戦後も神戸に戻って医療活動を継続しています。

芝医師については、生前「芝八重」の名で『栄養化学より観たる病理』（キリスト新聞社、昭和四二年）と題する高著が遺されており、敗戦後『火の柱』（昭和二二年七月五日号）には「摂理の神」と題する短いエッセイにも接することができます。

芝ヤヘ医師の生涯に関してはまず、前掲高著の「序」において、林芳信（国立療養所多摩全生園名誉所長）

による次の記述が注目させられます。

「昭和（大正の間違い）一三年一〇月東京女子医学専門学校卒業後間もなく翌一四年医師として賀川先生の経営にかかる神戸市新川町《ママ》の無料診療所友愛救済所において、恵まれざる人々のため献身して昭和二〇年春戦災を被り東京に引き上げらるるまで続けられた。戦後はいち早く二〇年一一月より平和建設團の東京三軒茶屋診療所において不幸な罹災者達の診療に当られ、昭和三一年七月社会秩序の漸く恢復に向うや常に医師不足に悩んでおるらい《ママ》療養所に奉仕せんことを決意し、岡山県邑久郡虫明所在の国立療養所邑久光明園に転じ、世人より顧みられないらい《ママ》病者に心からなる温かい診療の手を差し延べ以来一〇年に及んでおる。」

（一頁）

また、牧野仲造（大正一〇年に神戸イエス団において賀川豊彦より受洗、長く朝日新聞社と松沢生協専務理事として活躍、一九九六年逝去）が著した『天国にある人々―賀川豊彦先生の弟子たちと松沢教会の兄姉たち』（昭和六三年）で「自分を捨てた生涯芝八重さんのこと」と題する三頁にわたる行き届いた追悼文が綴られており、イエスの友会人物伝『賀川豊彦の心と祈りに生きた人々』（二〇〇四年）にもその抜粋が再録されています。加えて前回紹介した昭和二七年のイエス団の社会福祉法人申請書にある芝医師の自筆履歴（同年三月一日付）もありますので、あらためてここに「芝ヤへの経歴」の概要を並べてみます。

明治三一年五月二五日神奈川県生まれ、六歳で神戸に移り高等小学校を卒業、大正六年イエス団でマヤス宣教師より受洗。大正九年二一歳の時、賀川の勧めで医師を目指し金城女学校（名古屋）より東京女子医専へ、大正一三年卒業し昭和四年まで兵庫県立病院で研究に従事しつつ、大正一四年三月より昭和二〇年五月まで財団法人イエス団友愛救済所にて診療に従事。その間、昭和四年五月より昭和一〇年四月まで神戸吉馴小児科病院勤務。昭和一〇年五月より二〇年四月まで自宅にて開業。昭和二〇年七月神戸で空襲に遭遇、上京して賀川家に寄寓し、日本医療団中野組合病院と東京世田谷診療所勤務。昭和二二年九月以降、財団法人神戸イエス団診療所勤務。財団法人イエス団理事も務める。岡山の河野進牧師と賀川豊彦の勧めで昭和三一年より昭和四一年まで国立療養所邑久光明園勤務。その後浜松聖隷福祉病院の嘱託医師となり昭和四七年引退。昭和四九（一九七四）年一月六日、七六年の生涯を終えました。

芝ヤへの写真には、西宮「一麦寮」の東隣に芝医師の寄付によって完成した「ヤヘシバ館」（「神の国新聞」並びに『火の柱』昭和七年三月掲載）や『雲の柱』（昭和五年五月号）の「神戸に於ける事業―細民街無料診療」に添えられた友愛救済所長田出張所のものが残されています。

（5）村島帰之（一八九一〜一九六五）

今回はジャーナリストとして最初に賀川の同労者となった「村島帰之《よりゆき》」を取り上げます。

大正四年に大阪毎日新聞社に入社後、大正六年の夏には米国留学から帰国した賀川との交流がはじまり、出世作『ドン底生活』では賀川を紹介するなどして、大正八年には神戸支局に移って「友愛会関西労働同盟会」の結成の折には賀川を理事長にして村島は理事を引き受けています。その時、村島は賀川や鈴木文治らと意気揚々と肩を組む写真が残されています。

村島は異色の記者として労働運動の第一線で活動をつづけ、賀川の小説「死線を越えて」を『改造』に斡旋し、翌九年にはこれを改造社より世に出す大役を果たした人としても知られています。翌一〇年の「川崎三菱大争議」の時は肋膜炎で療養中でしたが、大正一一年には日本農民組合の理事に加わり、御殿場で開催された第一回イエスの友会修養会に参加して講師をつとめます。その時の賀川の講演筆記『苦難に対する態度』を、さらに大正一二年には神戸イエス団における賀川の聖書講義を『イエスの日常生活』として仕上げるなどの活躍ぶりを見せ、同年一二月には、賀川夫妻の媒酌のもとに生涯の伴侶・宮沢しづえと神戸で結婚しています。

その後大正一三年には賀川の名著『愛の科学』を世に出し、翌一四年には賀川の祈祷書『神との対座』を纏め、その後も『わが闘病』『病床を道場として』『少年平和読本』などの賀川の著作を世に出しています。自らも『歓楽の墓』『善き隣人』『美しき献身』『賀川豊彦病中闘史』ほか数多くの著作を残し、一〇年前には『村島帰之著作選集』全五巻が出版されています。最晩年に御夫妻の美しい著作『愛と死の別れ―野の花にかよう夫婦の手紙』や父・帰之と息子・健一の共著『親馬鹿おやじ二代記』も注目を集め、村島は一九六五年に七三歳の生涯を終えています。

村島帰之については、私のブログ「対話の時代・宗教・人権・部落問題」http://d.hatena.ne.jp/keiyousan/における一九〇回にわたる長期連載「賀川豊彦の畏友・村島帰之」があり、それらのすべてを賀川記念館のHP（http://www.core100.net/）の「研究所」の中で、読みやすくして公開していただいています。彼の重要な著作―『村島帰之のアメリカ紀行』『預言詩人・賀川豊彦』『労働運動昔ばなし』『本邦労働運動と基督教』『賀川豊彦病中闘史』『歓楽の墓』など―を独立した作品としても公開しています。村島の作品はどれも逸品ばかりで、歴史的な資料としても価値の高いものです。賀川記念館には、村島御夫妻の没後に平和学園創立二〇周年記念出版としてつくられた『ますらおのごとく―村島帰之先生の生涯』（昭和四一年・

非売品）が所蔵されています。

（6）黒田四郎（一八九六～一九八九）

次に、黒田四郎牧師を取り上げます。黒田師は今から二六年前（一九八九年）、九三歳の天寿をもってその生涯を終えておられます。特にイエス団関係者においては、師の二冊の労作『人間賀川豊彦』（一九七〇年）『私の賀川豊彦研究』（一九八三年）を通して、賀川豊彦と共に時代を生きた生き証人として、身近に知られている方です。かててくわえて、現在のイエス団の黒田道郎理事長並びに光の子保育園の黒田信雄園長はそのお孫さんで、四貫島教会の黒田嗣郎牧師は黒田理事長の御子息ということで、恵まれた多くの御親族に囲まれ、黒田四郎牧師御夫妻の御遺志はいま四代にも亘って受け継がれています。

黒田師の御子息・路輝氏によって一九九〇年に編纂された『黒田四郎記念誌：恩寵の実験室』（賀川ミュージアム所蔵）には、黒田師の説教・随筆・歌をはじめ御葬儀の記録や親族の方々の言葉のほか多くの写真が収められています。編纂に当られた路輝氏は、これまで丹念に黒田四郎関係資料の蒐集保存整理を重ねてこられ、既にその内の多くを東京の松沢資料館に寄贈されているそうです。

因みに、小冊子『わが生涯を語る』（一九八四年）に残された本人記録の略歴を抜粋してみますと、黒田師は一八九六（明治二九）年生まれ。一九一四（大正三）年、堺中学校卒業、神戸神学校に入学してすぐ新川で活動していた賀川を訪ねる。一九一八（大正七）年、神戸神学校卒業。神戸の日本基督二宮教会の牧師となり神戸神学校、頌栄保育短大、神戸ＹＭＣＡ、神戸ＹＷＣＡの講師を兼任。一九一九（大正八）年、鈴木伝助の司式、賀川の介添で矢田百合子と結婚。百合子は神戸女子神学校に入学。その後神戸市の東端に会堂を建て灘教会と改名。一九二八（昭和三）年より五年間「神の国運動」に参加。一九三三（昭和八）年より日本基督岐阜教会で六年半、新会堂建築。一九三九（昭和一四）年、日本基督教団より中国・南京へ派遣され、南京日本人合同教会を開設。一九四六（昭和二一）年、帰国。同年五月より「新日本建設キリスト運動」に参加し全国津々浦々を巡回。一九四九（昭和二四）年にこの運動は終了し直ちに東京の東駒形教会に招かれ、一一年間（うち三カ年は松沢教会をも兼牧）奉仕すると共に、賀川先生の諸事業のために働く。一九六〇（昭和三五）年、賀川帰天のあと長男・保郎牧師の徳島石井教会の牧師館の一室に住み日本キリスト伝道会のエバンゼリストとして全国の巡回伝道を続ける。一九八一（昭和五六）年、妻の百合子が帰天、享年八一歳。一九八三（昭和五八）年、エバンゼリストを辞任し完全引退。

なおこの小冊子には、一九二五年〜一九三五年までの九冊（名高い『ジョン・ウェスレー信仰日誌』、マヤスの説教集『神への飢渇』などの翻訳を含む）のリストと共に「賀川先生の秘書として一番長く身辺にいたため賀川先生の著訳書約三〇〇冊中、少くも約四〇冊ぐらいは何らかの奉仕をさせて貰った。」とも付記されています。黒田師の述懐では「神戸神学校を卒業すると、新川と川を隔てた日本基督二宮教会に赴任したので、それ以来一〇年間は新川の伝道師を兼任するような形となり」「賀川先生の留守中はよく早朝の礼拝説教を代行させて貰いました」とも記されています。賀川の『歌集・銀色の泥濘』（一九四九年）も黒田師の手になるもので、師の働きは多彩であり、残されている論文・日記なども数多く、今後の総合的な「黒田四郎研究」が待たれます。

(7) 三浦清一（一八九五〜一九六二）

以前、藤坂信子さんの労作『羊の闘い―三浦清一牧師とその時代―』（熊日出版、二〇〇五年）が話題を呼びました。日米混血の牧師と石川啄木の妹・光子の激動の時代を生き抜いた貴重な記録です。

三浦は明治二八年熊本県に生まれ、二〇歳で受洗、大正一〇年二六歳の時、はじめて神戸新川を訪ねて以来、賀川との交流は続き、昭和一六年一二月、三浦は治安維持法違反の疑いで逮捕され、半年余り獄中にあり、その後、昭和一七年一二月、家族を伴って上京し、賀川の元に身を寄せます。

同書に依れば、「昭和一九年一一月、東京に戒厳令が敷かれるというので、ブラックリストに載せられていた清一を賀川がきづかって、関西へ逃げろと勧めた。そこで家族を東京に残し、ひとまず単身で、賀川が神戸に持っていた免囚保護施設の愛隣館へと向った。免囚保護施設とは、窃盗をした少女や空き巣ねらいの常習犯などの非行少女を預かっている施設である。清一は愛隣館の館長に就任した、光子は東京の家の整理をし、翌年の三月一〇日、東京大空襲のなかをリュックを背負って関西へたった。」（二二二頁）といいます。光子は、寸断された列車を乗り継いで神戸にたどり着いたのが、四月一三日で、啄木の命日でした。

ところで、賀川の武内勝に宛てた書簡のうちで、三浦一家が「神戸愛隣館」に就任することに触れたものが二通残されていることは「賀川豊彦のお宝発見」（記念館HP）に記しましたが、神戸愛隣館は明治三一年、篤志家・村松浅四郎が生田区（現・中央区）内に設立した「出獄者更正施設」がはじまりで、明治三九年、兵庫区楠谷町に木造二階建の建物が新築されました。村松は昭和九年に賀川豊彦に事業の継承を頼み、賀川からさらに三浦夫妻に託され、戦後は児童福祉法に基づく養護施設として再出発しました。

三浦は戦後、灘購買組合文化部の聖書研究会のメンバーを中心に日本基督教団「観音林伝道所」（現・東神戸教会）を設立して牧師に就任。昭和二六年には兵庫県会議員に当選して二期つとめ、昭和三七年に六七歳で没し、光子がそのあとを継ぎ、夫を看取った後、愛隣館にこもり『兄啄木の思い出』（理論社、昭和四〇年）を書き上げ、三年後に生涯をとじ、「神戸愛隣館」も光子の死後数年で閉鎖されました（「朝日新聞」一九九六年一月七日付、木村勲氏「風景ゆめうつつ―石川啄木と妹・光子」の記事など参照）。一九六〇年四月二九日の賀川の葬儀（青山学院大学）に於いて述べた三浦の「賀川豊彦略歴」と六月六日の神戸栄光教会における講演「賀川豊彦とその事業」は『神はわが牧者―賀川豊彦の生涯と其の事業』（田中芳三編）に収められました。賀川記念館の設立にも尽力しながら完成を見届けることなくその生涯を終えました。

三浦は「日本詩壇」「基督教詩歌」「草苑」同人、著書に『エペソ書の精神』（未見）、『私的宗教生活の瞑想』（日本聖徒アンデレ同胞会、昭和一三年）、『愛の村―沖縄救癩秘史』（鄰友社、昭和一八年）のほか、最晩年六一歳で処女詩集『ただ一人立つ人間』（的場書房、一九五六年）を出版、続いて翌年最期の好著となった『世界は愛に餓えている―賀川豊彦の詩と思想』を同書房より刊行しています。なお、『発車―基督者詩歌集』（キリスト新聞社、昭和三〇年）には五つの詩を収めています。現在、賀川記念館には、三浦が生前まとめ上げた『賀川豊彦随筆集』の貴重な生原稿が残されています（補記・この生原稿は『賀川豊彦著作選集』第5巻〈一般財団法人アジア・ユーラシア総合研究所、二〇一八年〉として刊行されました）。

（8）深田種嗣（一九〇一～一九六五）

昨年（二〇一五年）四月、賀川召天五五周年記念集会が賀川記念館で開かれ、同志社大学名誉教授の深田未来生先生の「私を生かす賀川豊彦の姿」というお話をお聴きしました。その時の深田先生のプロフィールの冒頭に「一九三三年アメリカ・カリフォルニア州リバーサイドにて、種嗣・志さの次男として生まれる。父は神戸の貧民地域、母は一九二三年関東大震災直後、東京本所の松倉町で活躍していた賀川豊彦の救援活動に参加、キリスト者となった」と記されていました。

深田未来生先生は実践神学のご専門で、その説教と講義並びに講演はピカイチ、記念講演もたいへん印象深いものでしたが、お話の中で、随分昔私の方から古い神戸新聞のマイクロフィルムでみつけた「深田種嗣」の記事（一九二四〈大正一三〉年一月二一日付）──「父に棄てられた混血児、賀川さんを慕うて、信仰の道へ。イエス団に身を投じて、牧師になる決意」という大きな見出しの踊るあの記事──を先生にお送りした時のことにも触れられました（因みにこの記事は現在、賀川記念館のＨＰにある「新聞記事にみる賀川豊彦」〈二三〉で閲読可能です）。

深田種嗣牧師は一九〇一年神戸で生まれ、一九六五年東京で六四歳の生涯を終えておられます。後に『陶工─深田種嗣牧師記念集─』（一九七六年）が編まれ、説教と遺稿、志さ夫人ら三六人の「追憶」が寄せられました。深田牧師は、一九一一年大阪天満教会で受洗のあと、一九二三年七月二二日「新川」における朝の礼拝に出席し、賀川の招きに応えて翌日よりイエス団に住み込み、同年九月一日の関東大震災で賀川らと共に救援に向かいます。一九二五年志さと結婚。一九二七年青山学院神学部卒業後、米国太平洋神学校に留学。一九二九年以後米国カリフォルニア州ベーカスフィールド日本人メソジスト教会ほか二カ所で牧師を務め、一九三七年帰国して本所キリスト教産業青年会主事・東駒形教会牧師。一九四五年戦災者引揚寮向日荘主事、翌年向日荘において伝道開始。一九四七年国分寺教会設立後一九六五年召天まで同教会牧師。一九四七年NHKが開始したラジオ・チャーチの初代牧師。

深田牧師には多くの説教の他に「人類の恩人パスツール」「十字架の使徒ダミエン」「基督教受難の一考察」「ウェスレーの業績」「ウェスレーの回心」（いずれも『雲の柱』所収）「賀川豊彦の米国伝道」（新聞連載）などの論稿の他、特に「深田種嗣日記」―「私の新川生活」（『火の柱』七回連載）、本所基督教青年会創立のころの「宗教部日誌」（『賀川豊彦研究』五八、五九号所収）、「満州伝道随行記」（『雲の柱』連載）など―があり、あらためていま注目されています。

(9) 木立義道《きだちよしみち》（一八九九〜一九七九）

今回取り上げる「木立義道」は、前回の「深田種嗣」と同じく、かつて神戸の「イエス団」で起居を共にした先達の一人です。『東駒形教会七〇年史』（一九九三年）の冒頭に「木立義道（本所基督教産業青年会柱石）」と記された写真があります。

木立義道は、明治三二（一八九九）年長野市で生まれ、若いころ、河上肇の『貧乏物語』を読んで感動し大正八年九月、周囲の反対を押し切って故郷を飛び出し、神戸橋本汽船の苅藻造船所に勤務しながら夜間高校で学び、「友愛会」に加わりながら、労働組合運動で賀川豊彦と出会いました。

当時イエス団で賀川から洗礼を受けた牧野仲造が書き残した『天国にある人びと』（一九八八年）の「協同組合の先駆者―木立義道氏のこと―」では、木立は「神戸消費組合設立事務に携わり」、大正一〇年にはイエス団において「一年位、起居を共に」して、「賀川先生の宗教講演や社会問題の梗概のプリントを作ったり、郵便物の整理をして」「なんでもこなす人であった」と記しています。小説『死線を越えて』が世に出、「イエスの友会」や「日本農民組合」ができ『雲の柱』や『土地と自由』が創刊され、「労働学校」が開設されるなど、草創期の幅広い活動が展開される渦中にあって、神戸において大いに活躍した人物です。
大正一二年九月の関東大震災では賀川豊彦は木立義道、深田種嗣らと共に東京本所区松倉町を拠点に天幕を設置して救援活動を開始し「本所基督教産業青年会」を設立しますが、その中心人物として総主事を担ったのが木立義道でした。そこでセツルメント事業を実践し、江東消費組合、中ノ郷質庫信用組合の設立にあたります。江東消費組合の運営でも専務理事となって発展に寄与し、中ノ郷質庫信用組合については理事となり、賀川亡きあと昭和三五年五月から第三代組合長に就任しました。

また昭和七年には東京医療生活協同組合を設立して理事となり、昭和一一年五月、ロンドンで開催された国際社会事業第四回大会に出席、次いで欧米各地の社会事業施設ならびに協同組合を視察して帰国し、同年一〇月、産業組合中央会より産業組合功労者として緑綬巧賞を授与され、協同組合運動に理論的にも実践的にも多くの足跡を残した人物として記憶されています。

木立義道については、上に掲げた東駒形教会史のほかに雨宮栄一「賀川豊彦と木立義道」（『賀川豊彦研究』第二〇号）ほか「木立義道日誌『神の笳《らっぱ》の吹ける時』」「凡人録」（同六〇号、六二、六三合併号）などがあります。

⑽ 牧野仲造《まきのなかぞう》（一九〇三～一九九六）

牧野仲造は『天国にある人々―賀川豊彦先生の弟子たちと松沢教会の兄姉たち―』（一九八八年）の著者で、『松沢教会と私―日本キリスト教団松沢教会創立五十年を迎えて―』（一九八一年）の編集者のひとりでもあります。

『雲の柱』（賀川豊彦記念松沢資料館の機関誌）の創刊号（一九八三年）に収められた「日本社会運動の発祥地〈新川に集まった人達〉」の座談会や同誌第六号の「わたしと賀川豊彦」、そして同じく第一〇号（一九九一年秋号）の「神戸新川時代の回顧」などによれば、牧野仲造は、一九〇三（明治三六）年四月五日、兵庫県小野市日吉町に生まれ、一九二一（大正一〇）年、神戸イエス団に近い貿易商品製造工場で働きながら夜学の英語学校で学んでいました。そのころ、賀川豊彦の書生をしていた松倉清四郎に誘われて、はじめて賀川豊彦と出会い、同年イエス団において賀川から洗礼を受けています。丁度それは、川崎三菱大争議によって賀川らが拘束されたころで、牧野は働いていた工場を辞めて賀川の書生となります。

一九二一（大正一〇）年からの数年―それは灘購買組合の創立、川崎造船所等の労働争議への参加、「イエスの友会」や「農民組合」の結成・『雲の柱』の創刊・「水平社運動」や「普選運動」、『土地と自由』の創刊と「日本農民組合」の創立、「大阪労働学校」の開校や「復活共済組合」の創立などの激動の日々―を、牧野は賀川らと共に過ごします。そして一九二三（大正一二）年九月の関東大震災の救援のため、賀川が神戸を離れる時も、木立義道や深田種嗣らと共に、神戸港より山城丸に乗って東京へ移ったといわれます。

牧野はその後、賀川の紹介で一九二五（大正一四）年より朝日新聞社へ入社。一九二七（昭和二）年に千葉テルと結婚。夫妻は一九三一（昭和六）年四月に創立された松沢教会の信徒・役員として共に参画。一九五八（昭和三三）年に朝日新聞社を退社の後は、一九四七年に設立された松沢生協の専務理事として二〇年余にわたって活躍（この松沢生協は二〇一四年に六七年の歴史に幕を閉じ、解散に伴う残余財産全額を公益財団法人賀川事業団雲柱社に寄贈されました）。こうして牧野仲造は、一九九六（平成八）年一一月二六日、九四年の生涯を終えています。

なお「イエスの友会中央委員」でもあった牧野には、『百三人の賀川伝』（一九六〇年、キリスト新聞社）に寄せた玉稿「セッツルメント運動の先駆」もあります。また私の神戸の仕事場で「生田川共同住宅」に関する共同研究に関わっていた神戸市職員の方々が東京に出向き、賀川ハルと賀川純基、そして牧野仲造の聞き取りを行い、その時の録音（一九八〇年五月二四日）も手元に残されています。

(11) 井上増吉（生年月日・没年不詳）

地元「葺合新川」が生んだ著名な詩人「井上増吉」のいることは、これまであまり知られていません。彼は、若き日に賀川から声を掛けられてイエス団に加わりました。関西学院中等部で学び、ローガン奨学金を受けて神戸神学校を卒業します。大正一三年には大著『貧民詩歌史論（貧民詩譯論）』（第一巻）を八光社より刊行し、大正一五年には賀川豊彦の序文の入った処女詩集『貧民窟詩集　日輪は再び昇る』を、そして昭和五年には題字・吉野作造、徳富蘇峰と野口米次郎の序文入りの第二詩集『貧民窟詩集　おお嵐に進む人間の群れよ』（いずれも警醒社書店）を著わしています。

最近ではこの「井上増吉」研究も進み、大橋毅彦氏の「〈貧民窟〉出身の詩人・井上増吉の文学活動とその周辺」（日本近代文学館年誌、二〇一二年）や佐藤光氏の「大正期におけるウイリアム・ブレイク受容と社会主義思想―井上増吉、百田宗治、白鳥省吾―」（東京大学比較文学会『比較文学研究』二〇一五年）をはじめ、四貫島友隣館発行の『流域』六七四号（二〇一五年）にも関西学院大学の室田保夫氏による「下層社会からの声―八浜徳三郎と井上増吉―」など彼への関心が深まっています。

武内勝の口述『賀川豊彦とボランティア（新版）』（二〇〇九年）には、井上増吉の母キヌの新川での路傍説教が載っています。「私はキリスト教になるまでは、カラスの啼かぬ日はあっても、夫婦喧嘩をしなかった日はないといわれたほどの人間でした。夫がドスなら私は出刃で喧嘩をしました。けれども天の神さまを信じるようになってからは、一日も夫婦喧嘩をしなくなりました」と。

賀川も井上の処女詩集の序で、増吉の母について次のように記しています。

「私は、井上君を小さい時から知ってゐる。君のお母さんは、実に立派な婦人であって、私は人間として、井上君のお母さんの様に愛に満ちた人は少なかろうと思ってゐる。貧民窟の天の使の様に生まれつきの親切心を持って、誰、かれとなしに世話した君のお母さんの愛は、いまだに貧民窟の物語になっている。」と。

また「武内勝日記」を見ると、増吉が処女詩集を上梓した大正一五年には、母キヌを天に送り、父も高血圧で絶対安静のなか、昭和二年八月から翌年一一月まで欧米を旅して視察と講演をつづけたことが記され、旅先のアメリカ・イギリス・フランス・ドイツ・イタリヤから、武内のもとへ六通の絵ハガキが届いていました。

井上増吉は帰国後、武内と共にイエス団の朝と夕の礼拝と祈祷会などの責任を引き受けます。そして彼の仕事先も武内らが奔走し、すでに神戸市の初代社会課長に就いていた木村義吉に相談を持ち掛けて採用の了解を得て、昭和四年一月一〇日より、念願の神戸市社会課で仕事を始めています。

しかし、残念ながら井上のその後のことはわからず、武内のお話では「後にアメリカから欧州を廻って帰りまして、新川の名物になっていたが、彼は早く亡くなりました。」（七七頁）とあります。横山春一の『賀川豊彦伝』（増補版）では「井上増吉」のことはひとことも触れてありません。

最後に「神戸又新日報」に載った井上の第二詩集の評を取り出しておきます。「井上君は言葉の詩人ではない。いのりを人に聞かせるクリスチャンでもない。彼は世を呪う反逆者でもない。ただ隣人のために哀切の生活を歌う生活者である。さうして明るさを失はない愛の生活者である。それがこの詩集に、にじんでいる。」と。

第三節　賀川らによって神戸の人と暮らしはどう変革されたのか

―時代を先取りした先進的な模索―

住環境の整備（まちづくり）―実態把握の重視―

一九一一（明治四四）年八月六〜七日、賀川豊彦「神戸の貧民窟」を掲載。一九一五（大正四）年一一月、『貧民心理の研究』刊行。一九一七（大正六）年一一月、神戸市長「細民部落改善ニ関スル件」策定。一九

一八（大正七）年七月、神戸市、内務省社会局の「細民部落調査」の一環として番町・宇治川・新川地区の調査を実施。一九一九（大正八）年四月、神戸市「救済課」を新設、救済事業などを「衛生課」から移管。一九二〇（大正九）年四月、神戸市「救済課」を「社会課」と改称。初代社会課長・木村義吉就任。同年五月、神戸市、兵庫県救済協会経営の「生田川口入所」を継承し、生田区相生町一丁目の旧市庁舎に神戸市中央職業紹介所を開設（同年一〇月『死線を越えて』刊行）。一九二一（大正一〇）年一〇月、神戸市社会課「細民地区調査書類」作成。一九二二（大正一一）年一二月、神戸市立吾妻尋常小学校『統計調査』刊行。一九二三（大正一二）年八月、葺合警察署、新川地区の調査結果『新川の現在』ガリ版発表。一九二四（大正一三）年八月、神戸市社会課『神戸市内ノ細民ニ関スル調査（第一回生計之部）刊行。一九二五（大正一四）年、神戸市社会課『神戸市内要改善地帯之考察』刊行。一九二六（大正一五）年三月、神戸市社会課『神戸市内ノ細民ニ関スル調査（第二回環境ノ部）』刊行。一九二七（昭和二）年二月、社会局社会部、賀川の『貧民心理の研究』『精神運動と社会運動』『人間苦と人間建設』『死線を越えて』や村島帰之の『ドン底生活』などをおさめた『不良住宅地区居住状況の一斑』刊行。三月、賀川らの努力もあって「不良住宅地区改良法」公布。同年五月、神戸市、新川地区不良住宅改善計画策定のため、市長の諮問機関として「新川不良住宅改良調査会」設置。この年、神戸市社会課『神戸市内要改善地帯内少年少女就職状態調査』刊行。一九二八（昭和三）年一月、神戸市新川不良住宅改良事業の区域指定申請書を内務省に提出。一九三〇（昭和五）年一〇月、内務省、神戸市が申請中の「不良住宅地区改良法」により新川地区改良事業施行の地区指定を認可。同年一二月、神戸市社会課『神戸市内要改善地区調査』刊行。一九三一（昭和六）年七月、神戸市、生田川地区の改良事業に着手、一九三五（昭和一〇）年までに「市立生田川共同住宅」七棟三二六戸（鉄筋コンクリート三階建、一部四階建）を建設、さらに一九三六年から一九三八年にかけて木造簡易住宅六〇戸を建設。一九三二（昭和七）年二月、神戸市社会課『神戸市全区町別職業別調査票』作成。一九四五（昭和二〇）年六月、神戸大空襲、市街地の大半が灰燼にて「イエス団」も焼失したが、生田川地区の市立共同住宅及び番町地区は戦災をまぬがれる。一九五一（昭和二六）年四月、建設省・神戸市『神戸市番町地区概況調査』刊行。この年、建設省住宅局、神戸市の番町、都賀及び宇治川三地区の実態調査を実施。一九五二（昭和二七）年四月、神戸市、不良住宅改良事業として番町地区に第二種公営住宅の建設着工。同年九月の、建設省住宅局『昭和二六年・不良住宅地区調査―東京・大阪・京都・名古屋・神戸―』刊行。一九五六（昭和三一）年、生田川共同住宅『（神戸市立生田川共同住宅）事業概要』刊行。一九五七（昭和三二）年八月、神戸市、生田川で一～二号棟（第二種公営住宅）の建設着工。一九五九（昭和三四）年九月、神戸市「神戸市同和地区現況調査」実施。一九六一（昭和三六）年四月、生田川地区、国の同和対策の「モデル地区」に指定（～一九六二年度）。この年、神戸市、生田川地区で改良住宅建設に着工。―神戸市の同和行政の特徴：一九七一年総合的実態調査（「神戸市同和対策協議会」のもとで一九七三年「神戸市同和対策事業長期計画」策定）、一九七四年「神戸市同和行政四原則―行政の主体性・実態把握など」、一九八一年総合的実態調査（計画の「見直し」）、一九九一年総合的実態調査（同和対策事業の完了）。

仕事づくり

一九一八（大正七）年六月、兵庫県救済協会、就職の紹介・斡旋を行う「生田川口入所」を吾妻通五丁目

に開設（遊佐敏彦・武内雪）、一九三二年、神戸市社会課『要改善地帯内失業者調査速報』刊行。一九三四（昭和九）年七月、神戸市社会課『要改善地区内生活実態と戸口調査』刊行。この年、木村義吉「神戸市新川不良住宅地区の概況と其の住宅改良事業に就いて（一）（二）」を『社会事業』一八巻六〜七号に掲載。奥田譲「神戸市改良住宅について」を『建築と社会』十七巻六号に掲載。一九三八（昭和一三）年七月、「職業紹介法」の改正により職業紹介事業は国が直接管掌することになり、神戸市立の職業紹介所と労働紹介所はすべて国営となる。

・武内勝─昭和一三年七月、葺合労働紹介所長。昭和一九年二月、尼崎国民職業指導所長。昭和二一年二月、神戸勤労所長。昭和二二年四月、神戸公共職業安定所長。（『賀川豊彦とボランティア（新版）』）

・緒方彰─一九六四（昭和三九）年、兵庫県労働部職業安定課。一九六七（昭和四二）年、尼崎公共職業安定所長。一九七三（昭和四八）年、神戸公共職業安定所長。（『鷲のように羽ばたく─ある労働行政マンの半生─』『生命の水みち溢れて─賀川豊彦とともに─』）

・暮らしと生活─消費組合「コープこうべ」（神戸ワーカーズコープ・高齢者生活協同組合）（詳述割愛）

・労働組合　農民組合　漁業組合（詳述割愛）

・社会福祉事業・セツルメント─一九一八（大正七）年七月、賀川豊彦、吾妻通五丁目に「イエス団友愛救済所」開設。一九一九（大正八）年、賀川豊彦、番町地区の大本甚吉の提供を受け、四番町五丁目八番地に「イエス団長田友愛救済所」を開設。一九二九（昭和四）年、イエス団「財団法人イエス団友愛救済所沿革」（『神戸イエス団年報』）刊行。一九四三（昭和一八）年四月、イエス団長田友愛救済所を四番町四丁目の「天隣館」に移し、診療事業に加えて保育所を開設。一九六三（昭和三八）年二月、イエス団、賀川記念館を吾妻通に建設・開館（鉄筋四階建）。

・保育運動―一九三五（昭和一〇）年一月、賀川豊彦、善隣幼稚園（明治二八年開設、明治四〇年に吾妻通五丁目へ新築移転）の保育事業の一部を引き継ぎ、吾妻通五丁目にイエス団友愛幼児園を開設。一九四九（昭和二四）年三月、イエス団友愛幼児園、戦災で焼失した園舎を再建、保育事業を再開。一九五八（昭和三三）年六月、イエス団、番町地区に「神視保育園」開設。一九六〇（昭和三五）年四月、イエス団、番町地区に「天隣乳児保育園」開設。一九六三（昭和三八）年二月、賀川記念館の開館で二・三階に友愛幼児園開設。

・教育・社会教育・スポーツ―神戸ＹＭＣＡ・関西学院（前掲拙著で詳述しているので割愛）―一九三二（昭和七）年、「イエス団夜学校」、生田川地区に開設。一九三三（昭和八）年三月、生田川共同住宅管理事務所、「生田川東星塾」を開設。吾妻小学校の教師たちの協力を得て、共同住宅の児童を中心に夜間学習を開始。一九五六（昭和三一）年～一九五八（昭和三三）年、賀川豊彦は神戸市教育委員就任（一七回出席、長田公民館・図書館長田分館設置ほか不良少年・不就学児童・奨学金制度など）。

・宗教―救霊団　神戸イエス団教会・神戸栄光教会・神戸教会など（前掲拙著で詳述しているので本書では割愛）

◎神戸市行政との積極的な交流・協力関係―例えば戦後、中井一夫（昭和二〇～二二）、小寺謙吉（昭和二二～二四）、原口忠次郎（昭和二四～四四）、宮崎辰雄（昭和四四～平成元年）、笹山一俊（平成元年～一三年）、矢田立郎（平成一三～二五）、久本喜造（平成二五～）―賀川豊彦、武内勝、村山盛嗣、今井鎮雄。

第四節　神戸における在家労働牧師としての小さな模索
―「部落問題の解決と賀川豊彦」に触れて―

(1) 賀川豊彦とわたし

高校時代：母教会の倉吉教会での鎌谷幸一・清子牧師夫妻との出合い。同志社神学生時代：ドキュメンタリー映画「人間みな兄弟―部落の記録―」、藤川清写真集『部落』、キリスト者学生労働ゼミナール参加。
神戸イエス団教会時代：職域伝道主催の牧師労働ゼミナールに二年連続参加。

(2) 番町出合いの家の創設（一九六八年四月）

神戸イエス団教会在任中に相方と共に「正教師試験」（伝道師から牧師へ）に合格、一九六七年一一月二七日「按手礼」。これまでの「福音理解の革新」「教会の変革」「礼拝の在り方」の模索から自らのこととして「牧師としての生き方」を問う中から、新しく「天来の夢」（使命）―それが「イエス団のもう一つの活動拠点である長田区番町で、ゴム労働者として生きる」というもの―が宿る。そこで早速、番町のど真ん中に六畳一間の便所は共同の簡易な「文化住宅」の住まいを見つける。仕事先も紆余曲折あった後、神戸職安に出向き、自宅から自転車で一五分ほどのところにある「日生化学」という「ゴム工場（ロール場）の雑役」を紹介され訪問して即決。この自宅を日本基督教団兵庫教区番町出合いの家伝道所として認可を受ける

（私たちの新しい生活を取り上げた朝日新聞の連載記事「ある抵抗」と東京12チャンネル制作の三〇分番組「ドキュメンタリー青春―やらなアカン！　未解放部落番町からの出発」―）。

賀川豊彦もかかわりを持った大正一一年三月三日の全国水平社の創立以後、部落解放運動は特に戦後「部落解放全国委員会」から、一九五五（昭和三〇）年には大衆的で統一的な解放運動として飛躍的に発展し「部落解放同盟」として改組され、神戸においても当時「部落解放同盟」がつくられ、住宅改善要求など神戸市に対する行政闘争が組織的に展開され始めていました。しかし一九六五（昭和四〇）年の「同和対策審議会答申」の評価をめぐって解放運動の組織内部の対立が表面化し、神戸の場合も解放運動のリーダーの間に対立が顕在化しつつありました。

前記「ドキュメンタリー青春」の映像では、地元の解放同盟の事務所で私たち夫婦と二人の活動家と長時間の座談が組まれてその一部が放映されましたが、活動家のお二人のうち一人は地域の解放運動の責任を担って地道な組織活動を進める若いリーダーで、もう一人は定時制高校の教師で「解放教育」をとなえる教育運動のリーダーでした。この方は、よそ者の私たちを信用のおけない「敵」とみなす傾きの強い人で、すでに地元からも離れていたので、私たちは、同じ住民として受け入れて共に歩もうとするもう一人の活動家とごく自然に友達となって解放運動に参加し、自治会づくりや子供会づくりに打ち込むことになります。

部落問題に関係する私の最初の論稿は、この町で生活を始めて漸く六年後の一九七四年六月、キリスト教の月刊誌『福音と世界』に寄稿した「部落解放運動とキリスト者」でした。運動と無批判に連帯するのではなく、適切な「間を取って」批判的にかかわることの大切さを主張しました。

(3) 「神戸部落問題研究所」の創設

この一九七四年という年は、特に兵庫県下の部落解放同盟の青年行動隊などによる学校や行政への「差別糾弾闘争」が激しく展開された年ですが、私たちは神戸において「行政」や「教育」、そして「運動」とも一定の距離をおいて、自由に研究の出来る民間の独立した研究機関の必要を覚え、同年四月に「神戸部落問題研究所」を創設しました。私はこの研究所にあって事務局長としての仕事を延々と激動の時をたっぷりと経験をさせてもらいました。

(4) 日本基督教団における「賀川問題」

一九七五年五月、部落解放同盟による日本基督教団への「確認会」(この時の「差別事例」のリストは杜撰なものでしたが、賀川豊彦・賀川ハル・隅谷三喜男などが上げられていました)が行われ、同年八月、日本基督教団に「部落差別問題特別委員会」が発足。一九七六年には初めての拙編著『私たちの結婚—部落差別を乗り越えて』を刊行。一九八一年一一月には教団に「部落解放センター」が設置され、同年六月「同和問題にとりくむ宗教教団連帯会議」が発足、教団もこれに加盟。

こうして初版からほぼ二〇年後(一九八一年)『賀川豊彦全集(全二四巻)』第三版の時を迎えます(『賀川全集』は賀川没後すぐ刊行計画が具体化し、当時の「キリスト者部落対策協議会」は『貧民心理の研究』の問題個所の「全文削除」を求める「要望書」を提出。『全集』の初版は原著のまま出版。初版から一一年後〈一九七三年〉の第二版もそのまま出版)。

一九八一年の第三版で出版元のキリスト新聞社は「問題個所」を「削除」するという「自主規制」を行います。ここから日本基督教団の「部落解放センター」は「『全集』第八巻そのものと『解説』は差別文書である」と断じて、キリスト新聞社との長期間にわたる「話し合い」（確認会）が継続します。

かてて加えて、一九八四年の日本基督教団第二三回総会では「故賀川豊彦氏及び氏に関する諸文書の再検討に関する件」といわれる「建議」が出され、一九八六年二月には日本基督教団が「『賀川豊彦と現代教会』問題に関する討議資料」（パンフ）を作り、教団に属する全教会・伝道所へ配布しました。これに対して私は同年（一九八六年）五月、教団総会議長・後宮俊夫氏に宛て「討議資料」への「質問と希望・意見」を文書で提出。

他方キリスト教界のみならず、部落解放同盟の宗教界への糾弾闘争が大規模に繰り広げられるなか、これらの動向を批判的に吟味すべく一九九七年一〇月の第二六回部落問題全国研究集会において「宗教と部落問題―『対話の時代』のはじまり―」を、同年一二月の雑誌『部落』特別号に「宗教界の部落問題―『対話』ははじまるか―」を、さらに二〇〇〇年六月号の雑誌『部落』にも「部落問題の対話的解決のすすめ―キリスト教在家牧師の小さな模索―」を寄稿。

(5)「賀川問題」解決の小さな試み

キリスト教界に対して、先ずは一九八三年八月に兵庫部落問題研究所の『紀要・部落問題論究』八号に「宗教の基礎―部落解放論とかかわって―」を、翌一九八四年七月にも同誌九号に「キリスト教と部落問題」を公開。翌一九八五年一一月に『部落解放の基調―宗教と部落問題―』（創言社）を出版。

こうして「賀川問題」の解決に向けて、一九八八年五月の『賀川豊彦と現代』（兵庫部落問題研究所）の刊行を皮切りに、一九八九年三月、雑誌『部落』に「賀川豊彦と部落問題」。一九九一年三月、賀川豊彦学会の例会で「『賀川豊彦と現代』その後」を報告。翌年一一月『部落問題研究』一二〇号に「賀川豊彦の『協同・友愛』『まちづくり』―創立期の水平社運動と戦前の公営住宅建設」を寄稿。

（国の同和対策審議会にあって長期間の大役を担いながら賀川豊彦学会の会長を務めた磯村英一先生は一九九七年四月に逝去。）

二〇〇二年一一月に『賀川豊彦再発見―宗教と部落問題―』（創言社）出版。二〇〇三年、兵庫県人権啓発協会『研究紀要』第四号に「賀川豊彦没後四十年（私的ノート）」（この論稿は二〇〇四年、神戸新聞総合出版センター『人権の確立に尽くした兵庫の先覚者たち』及び二〇〇五年、賀川豊彦記念松沢資料館紀要『雲の柱』一九号に再録のあと、二〇〇七年四月の拙著『賀川豊彦の贈りもの―いのち輝いて―』〈創言社〉に収録）。

二〇〇五年七月、明治学院大学キリスト教研究所と賀川豊彦学会第一八回研究大会共催の「公開講座」で「部落問題の解決と賀川豊彦」（本稿は賀川豊彦学会論叢に収録され、二〇〇六年一〇月の『部落問題研究』一七七号に補筆再録のあと、二〇〇七年四月『賀川豊彦の贈りもの―いのち輝いて―』に収録）。二〇〇五年一一月、鳴門市賀川豊彦記念館における徳島信徒会総会で「二一世紀に生きる賀川豊彦」（本稿も前掲『賀川豊彦の贈りもの』に収める）。二〇〇七年四月拙著『賀川豊彦の贈りもの―いのち輝いて―』（創言社）刊行。

付記　もう一冊、阪神淡路大震災の後（一九九七年正月）、避難先の住宅で書き下ろした『「対話の時代」のはじまり―宗教・人権・部落問題―』（兵庫部落問題研究所）のなかで「賀川豊彦全集のこと」にふれ、キリスト新聞社が一九九一年に纏めた『資料集「賀川豊彦全集」と部落差別』の初校段階のゲラを拝見したときの驚きなど短く書き込みました（五九頁以下）。

なお、本年（二〇一七年）四月には、初めての文庫本『賀川豊彦と明治学院・関西学院・同志社』を出版して、本日を迎えています。

おわりに

二〇〇七年にスタートした「ＥＳＤボランティア育成プログラム育成ネット」―神戸大学大学院人間発達環境学研究科ヒューマン・コミュニティー創生研究センター（ＨＣセンター）、阪神間の大学生・ＮＰＯ関係者・大学教員・社協職員・社会教育行政職員らが協力して、新しい総合型ボランティアプログラムを創生するプロジェクト―と、二〇〇九年の「賀川豊彦献身百年事業神戸プロジェクト実行委員会」と協力して取り組まれた協同事業＝『開けＥＳＤ！　共に生きるために』（ＥＳＤ―持続可能な開発のための教育 Education for Sustainable development）の「シンポジウム in ＫＯＢＥ.持続可能な社会づくりとソーシャルワーク」：二〇〇九年三月七～九日、グラミン銀行総裁・ムハマド・ユヌスと阿部志郎の講演とシンポを軸に。その取り組みは「ぼらばん」（http://volaban4649. wixsite. com/volaban）として、東日本大震災の支援活動や岡山の邑久光明園でのワークキャンプなど、賀川督明さんも熱心にかかわってきたものもあります。

そしてこの記念館では「コア一〇〇」といって、生協や農協・漁協ほか「献身一〇〇年」の共同の取り組みをした団体・個人が「一〇〇年」を見通した連携を図るために新しい「友愛団体」がつくられて、「賀川が今問いかけるもの」を福祉・子供・保育・地域・いのち・人権・環境など「総合研究所」を機能させつつあり、「天国屋カフェ」の開店など意欲的な取り組みがすすめられています。

賀川豊彦学会も、こうした未来を先取りした友愛・交流の輪に参画して、研究活動が進められていますが、本日のお話もそのひとつに加えて頂くことが出来れば、まことに光栄なことであります。

お話の終りに、私たちの若き日、一九六九年二月に東京12チャンネルでテレビ放映された「ドキュメンタリー青春」を特別に公開させていただきます。ここには当時の労働現場であるゴム工場（ロール場）の雑役の仕事の様子や私たちの六畳一間の「中根アパート」、番町のまちの姿、活動家二人と私たちの語らい、特にフォーク歌手・岡林信康さんのうた「友よ」「山谷ブルース」「チューリップのアップリケ」の入った二〇分余りのものです。お笑い種にでもなれば…。

第二部　助走・探求の日々

第二章　結婚家庭と小さな家の教会（「仁保教会・野洲伝道所時代」）

第一節　「出合いの家」の誕生

わたしは今春（一九六四年）同志社大学の神学部を卒業し、滋賀県の中央、琵琶湖畔の一隅にある仁保《にぼ》教会に招聘されました。近くの近江八幡教会には同輩の長崎哲夫氏も赴任し、若さに満ちた京都教区滋賀地区の教職仲間に、共に加わることになりました。卒業と時を同じくして、良きパートナーと新生活に入り、ふたりして野洲伝道所も兼任しています。

まだ二ヵ月あまりの新生活のなかで、すでに多くの体験を味わいましたが、この紙面では以下のようなささやかな試みを提示させていただき、若輩のわれわれにたいして、皆様の適切なご意見を待つことにいたします。まず、「地域にある教会のあり方」について四月の教会総会で、教会の名称が日本基督教団仁保教会「出合いの家」と命名され、五月のはじめには、次のような言葉が教会の玄関に誕生しました。

出合いの家

この家はみんなの家
幼子も少年も
若い男も女もいます
働きざかりの
力強い男もいます
家庭ではげむ主婦もいます
老いたる人も
皆　共にいます

共にいて　わたしとあなたが出合います
赦し合い　励まし合い
力一杯生きるのです
私のこと　家のこと
町のこと　社会のこと
国のこと　世界のこと

みな語り合い
理解し合い　聞き合います

なぜなら
イエス・キリストは
みんなの生命であり
愛であり　希望だからです

この言葉は、地域社会にある教会の姿を明示したものです。①教会(出合いの家)が「みんなの家」であって、特定の人びと(キリスト者)のみの集会ではないということ、②みんなの出合いの場であり、話し合いの場であるということ、③そこで人間としての責任と課題を聞き合い、負い合う交わりのなかに「主・キリスト」が共にあるということ、④「主」は地域社会の主権者であり、教会はその事実の顕現体であることなどを含んでいます。

このような視点から当然、将来の礼拝のあり方が問われてきます。いわゆる説教中心の「聞く」礼拝から、「語り合い・理解し合い・聞き合う」礼拝へと、私たちの関心は深まります。いまのところ、野洲伝道所の「出合いの家」では、日曜日の礼拝を「主日の出合い」と呼んでいます。現代社会のそれぞれの異なった状況のなかで、生きて働くものたちが、主日ごとに出合うのです。その形式は、出席者一〇名程度ですので「円卓方式」です。すなわち、メッセージは高い所から語られず、みんなと同じところでなされます。

わたしたちは、説教のところを「宣教と応答」と呼んでいますが、宣教がみんなの対話のなかで展開されるのです。これには、教職のグループ・ワークの専門的訓練が要求されると思います。わたしたちが、この出合いの後に感じるのは、十分に語り得たという喜びと、教職の重要な責務の自覚と、多くのことを信徒・求道者の方がたから教えられたという感謝です。

不十分な近況報告ですが、今後さらに色々な角度から検討をくわえ、開かれた思いをもって、みんなと共に頑張りたいと願っています。

（『基督教世界』第三二七〇号、一九六四年七月一〇日）

第二節　現代における教会の革新―特に「礼拝のあり方」に関連して―

「若い教会がこれまで受け継いできた教会組織や制度のかたちを再吟味しようとする試みが、いまなされつつある。急激に過去の時代のものになりつつあるそれらの旧式の教会組織や制度に取って代わって、その土地に土着した、強力にしてかつ適切な、礼拝や伝道の方法が生まれるに至るであろう。」(1)

「教会の革新」（Renewal of the Church）は、われわれ共通の課題である。こんにち神学界において、この課題に関する多分野にわたる貴重な労作が、山積している。聖書神学、歴史神学、組織神学それぞれにわたって、現代におけるあるべき教会の本質と実際に関して、多大の貢献をなしている。そして、それらの神学的労作に学びながら、実際のこころみが幾重にも、慎重にかつ大胆に継続されているのである。われわれは全力をつくしてその課題に取り組まねばならない。

われわれは、ここで「現代における」という言葉をもって、特別に「教会の革新」を規定した。このことは当然のことながら、教会形成の歴史的制約性の表現にほかならない。われわれはけっして歴史的伝統を無視するものであってはならないし、伝統（過去の遺産、時代的産物）から他律的に拘束を受けるものであってはならない。教会は絶えず、あるべき姿をたずね求めながら、問い続ける共同体であって、いうなれば「復活から生きる」（ボンヘッファー）姿勢のなかで、共同の模索をする自由をもっているのである。けっして自己を絶対化せず、絶えず真理にたいして従順であり、開放性を与えられている共同体こそ「主」の教会である。このことは、あらゆる領域（内には教会、神学、外には自然及び社会科学、諸思想）との対話のなかで、共同の課題をたずね、それを共に背負わんとする「真人の聖務」にあずかることである。

さてわれわれは、「教会の革新」は「礼拝のあり方の革新」として把握されることが不可欠である、との確信の上に立っている。もちろんわれわれは、「教会の革新」を「礼拝のあり方の革新」だけであると考えているのではない。ただここでは、「礼拝の再発見」にポイントをおいて考えるに過ぎない。なぜなら、もしキリスト者の生活において、「礼拝」が本質的に不可欠な事柄であり、中心的なものであるならば、当然「教会の革新」＝「礼拝の革新」でなければならないと考えるからである。

実際、こんにちの教会の交わりも、奉仕も、神学も、教会教育も、礼拝の問題にかえって来るのである。われわれが、以下に論究する事柄は、少しく的はずれの観を与えるでもあろうが、あくまで「現代における教会の革新」という視点からの、また現場のなかからの率直な発言として、新しく言語にもたらそうとしたものである。われわれの小さな試みは、こんにち各地で行われているエキュメニカルな試みのひとつであって、何らかの存在理由があれば幸いである。以下、次の順序で叙述する。

1．現行の礼拝の本質とその批判

2．われわれの指向する「新しい礼拝のあり方」

3．実際の試みと反省

4．結論

1

われわれは、はじめに現行の「礼拝のあり方」を批判することから始めなければならない。しかしその前に、「礼拝」の問題は教職・信徒のみならず求道者の共通の問題であって、教職のみの自由になる事柄ではないことを確認してかかる必要がある。こんにちまで礼拝の問題は、多数の教会において本格的な神学的・実際的な課題として、主体的なかたちで共同の形成が積み上げられず、たんなる過去の踏襲であったり、教職個人の神学的主張によるものであったりしてきたことは、まことに遺憾なことであったといわねばならない。すなわち「十分に語り合って、みんなで創り出した礼拝のあり方」ではなかったのである。また同時に、教会間においても積極的な対話がなされていない現実がある。それなるが故に、こんにちこそエキュメニカルな対話が、ローカルな地点においても是非必要なのである。(2)

さて、批判をするためには現状を正しく理解することが必須条件である。

ところで、教会といっても都市にある教会と農村にある教会と地域性の相違もあるし、教会の大・中・小、会員数の相違もある。同時に各教会の伝統の相違もある。それらの相違はこんにち正しく評価されなければならないが、ここでのわれわれの批判の対象は、上述の相違にもかかわらず、日本基督教団の諸教会に共通の問題であるいくつかの点に集中するのである。以下、こんにちの礼拝の本質と考えられるものを記す。

a　まず、昨年のモントリオールにおける信仰職制委員会第四回世界協議会の報告書から、こんにちの礼拝の本質に関連したものを一、二引用する。

「キリスト者の礼拝は、御子によってあがなわれ、聖霊の力の下にたえず新しい生命を見出している人間による、父なる神へのひとつの奉仕（Service）である。」(3)「キリストの自己投与」への参与としてのキリスト者の礼拝は、キリスト者共同体の形作るひとつの行為である。更にこの行為は、ひとつなる普遍的教会（catholic church）を象徴する、すべての教会の関連性の中に行われるものである。」(4)そして、礼拝は「キリスト教界のすべてにおいて、聖書に基礎付けられた説教を含むリタージーと関連している。従って説教者の課題は、旧・新約聖書にのべられている預言者的・使徒的御言葉を宣教することであり、現代の状況において、神の審判とあわれみのこの言葉を解釈することである。」(5)

このような視点に立ってプロテスタント教会は、教職による説教中心の礼拝が執行されているのである。「神の言葉の説教は神の言葉である」とは第二スイス信条の命題であり、「説教は、神の定め給うた教会のための教会の活動である」(6)とはボンヘッファーの言葉であるが、これは宗教改革以来の伝統の上に立っているのである。であるから、教職はもっぱら御言葉の役者《えきしや》として立てられたもので、信徒はその語られた言葉を「神の言葉」として聞く（拝聴する・承る）のである。そこでは、神の言葉＝説教への批判は暗黙のうちにタブーとされ、不問とされる傾向が大である。

b さらに、教会においては「交わり」（コイノニア）が本質的なものであって、礼拝はキリストによってわれわれが父なる神と交わることに他ならない。キリスト者は、宣教される御言葉によって、かけがえのない心の糧を神から与えられるものと信じるのである。そこで、真の悔い改めと赦しとを信仰のなかに覚え、古き生命から新しき生命へと再出発させられるのである。したがって、人間同士の交わりは、教会の本質的機能であるにしても「公同の礼拝」のところでなされるのではなく（礼拝のときは無言の交わり）、礼拝後になされるべきものであるとされている。

c この世に生きるキリスト者は、「主日」に教会に集い、御言葉を受けて世界に派遣される。そこにキリスト者の生活のリズムが成立する。「集められた教会」と「散らされた教会」とする説明も、多くの人びとの受け入れるところである。そこでは、世界と教会との連続性とともに異質性・断絶性が強調される。こうした礼拝に関する考え方は、こんにちのキリスト教界の常識的・一般的見解である。わが教団においても、「宣教基本方策」のなかで現行の礼拝のあり方が踏襲され、正当化されている。それによれば、「教会は礼拝と祈祷を重んじ、その充実をはかり、全生活を神にささげる（マルコ一三：三二）」と記し、解説として「外に打って出るエネルギーは、内にたくわえられた礼拝と祈祷の充実によって生まれる。『忙しい』『つまらない』などもろもろのいいわけを去って何はともあれ礼拝に出席しよう。」（7）

こんにちの礼拝論の方向は、ひとつはリタージーの重視という方向で、これを新しくすることによって、礼拝を力あるものにしようとする傾向である。(8) そこでは一定のリタージーの繰り返しによって技巧化し、形式化をすすめていく。他方には、説教を重視し、これをつねに新しく充実することによって礼拝を回復しようとする方向がある。(9) 今ひとつの方向は説教とサクラメントとの統合を強調するものである。(10) これらはいずれも、先にあげた礼拝の本質の上に立っている。われわれはこんにちの「礼拝のあり方」から多くの事柄を学びうるし、今後も共同の学びを必要としているのであるが、すでに述べた「礼拝の本質」のなかにある諸点について、多くの疑問を感ぜざるを得ない。以下に、その批判を記したい。

a　神中心の礼拝—神の active と人間の active は対立するのか?

さて、われわれはここでわれわれプロテスタント教会の「礼拝」の本質的前提をなすと考えられる事柄、すなわち、神の active について、ひとつの素朴な疑問を提示する。

日曜日の朝、礼拝堂の窓から美しいオルガンの音が響き渡る。例によって例のごとく、まだまばらにしか座席に人はいないが、彼は自分の指定席（おおむね習慣化した）に腰をおろし、週報に目をとおし、そして静かに心の準備をする。礼拝がはじまる。讃美がなされプログラムは順順に進行していく。ふと彼は、自分の隣に座っているひとに気付く。初めての人らしい。彼は聖書を開いてあげたりして、あれこれと世話をする。やがて牧師の説教である。十何年来聞きつづけてきた、澄んだやわらかで味のあるその声が、今日もまた心地よく響く。ある個所では「なるほど」とうなずき、ある個所では「いや、どうもおかしい」と反発し、また「これではいけない」と自己反省する。やがて例のごとく、一段と声が高くなって説教が終わる。なんとなくほっとしながら讃美歌。献金をして最後の祝祷。

いちどにどっと緊張から解放される。…やがて彼は、出口で牧師と挨拶し、満足感をもって帰っていく。

彼はかつて自らに問い掛けたことがあった。「神を真に神とし、真に神をあがめることはこういうことなのだろうか」と。あるいは「俺は、この白く洗いあがったシャツを着て礼拝堂に入ると同時に、ほかの六日間のあの生々しい泥臭さをかなぐり捨ててしまったのだろうか」と。しかし、今ではそんなこともあまり考えない。自分の一週間の生活は、何をおいてもこの聖日礼拝なしには考えられない。この礼拝をとおして、新しい生きる力が与えられると信じている。礼拝堂でついさっきまで一緒に座っていた青年のことも、もはや思い出そうともしない。

さて、上記の素描の一キリスト者が、すべてまじめなキリスト者の典型というのではない。しかし、多くのひとは、彼のなかに己の姿を見るはずである。そこには、純粋な神への信仰と同時に、個人主義的ムードあるいは無力感が充満している。礼拝のプログラムはあらかじめ定められ、なんら彼の介在を必要としない。礼拝にたいして彼のなしうる最高のことは、「心から」神を讃美しようとする内的戦いであり、おのれに向かって語られる神の言葉を「受け取る」ことである。全体が passive であって、彼のみの独自な active な行為がない。あるとすれば、「讃美」と「献金」である。当然、礼拝における責任感は希薄になり、個人の自発性、自立性、自主性は二義的にしか考えられていないような錯覚（?）を持つ。こんにち、passive な状態におかれることによって生ずるさまざまな障害は、心理学的にも証明されているところである。現行の礼拝において、人間の主体性が問われるのは、「礼拝に出席するか否か」という自己決定のところまでに過ぎない。神の active と人間の active とは同時的に考えられないであろうか？　さらに、神の前で「むなしくなる」ということは、そのまま passive な立場に甘んじるということになるであろうか？

b　いわゆる「説教」のみという形式は時代錯誤であるということ

礼拝は、神の行為であって、神の言葉が中心となるべきことは、われわれの貴重な発見であった。しかし、特定の人間が特別に宣教者として立てられ、その者〔説教者〕をとおして「説教」が一方的になされるということは、はたして「神の言葉」の正しい理解の上に立っているといえるのであろうか？　否、説教が高踏的・独断的・断言的になされるかぎり、われわれはそれを「神の言葉」のシンボルと考えることはできない。

当然ここで、「説教者は唯一方的に語っているのではない、そこには会衆とのまた神との無言の対話がある」と反論される方があるであろう。しかし、「コミュニケーション」という立場からも再検討を要するものであるといわねばならない。説教は「演説」でも「講演」でも「講義」でもないことはもちろんであるが、「説教という形式」そのものは「演説」や「講演」となんら変わるところはなく、また「演説」や「講義」に陥る危険性をはらみ、事実かかる危険に陥ってきたのではないか？

われわれは、「説教という形式」は現代的でなく、過去の時代のものであって、これに固執することは時代錯誤であるといわざるを得ない。教会が、その意図に反して、非主体的かつ無責任な傍観者的な人間を形成してきているのは、かかる passive な礼拝形式、なかんずくこの「承る」式の「説教」にその原因があるのではなかろうか？

また、この説教の問題を「共同体」という視点から、次のように批判することができる。われわれの共同体が、世のすべての人びとと共に、真に自立的な社会（世界）の建設を指向するのであれば、現在の教会のなかには、およそ人びとの「無用のつまずき」である前近代的な人間関係が生きており、われわれの信仰生活の中心である礼拝においてもっとも顕著であるという事実に、何をおいても目を向けなければならないはずである。すなわち、ここには真に平等な立場で共に生きる姿勢（全人格的な交わりの姿）が無いのである。主体的自由人の集いの共同体、キリストにある「真人の共同体」において、はたして現在のごとき説教形式（礼拝形式）が正当なものであろうか。モノローグからダイアローグへの移行こそ、あるべき姿ではないであろうか。根本的に「説教のあり方」を問いなおし、真摯な工夫が要求されていると考える。

c　「説教」は「神の言葉」そのものではないということ

教職者が神ではないと同様に、かつまた聖書が直接的に神の言葉でないのと同様に、説教も神の言葉そのものではない。人間の言葉であることは当然のことである。人間である以上、教職の言葉も信徒の言葉も何の区別はない。「説教＝神の言葉」という公式を正当化するなら、人間に聖俗の階級を設けることになり、プロテスタントの精神は失われる。アウグスブルグ信仰告白の古典的表現によれば、教会とは「福音が教えられ、聖礼典が正しく執行される」ところであると語られているが、「神の言葉」が現行の「説教」そのものにのみ限られることには多くの疑問をふくんでいる。確かにいままで説教者は、神の言葉を取りつぐ者であって、彼の発言自体が神の言葉ではないといわれてきた。しかし、にもかかわらず、神の言葉と人間の言葉を弁別することは不可能であり、そのような論理は巧みに語るものの権威を高め神格化させることに役立ってきたのではあるまいか。「説教」とは、いわゆる「神の代弁」ではなく、イエスに出合って生きる人間の証言である。「神の言葉」は、われわれキリスト者が日ごとに受け取るものであって、「神の言葉」を語り聞くことは、すべてのキリスト者に可能な事柄であるといえる。宗教改革は、礼拝改革であるとともに説教改革であったが、この点において不徹底であると言わねばならない。

d　教会は少数者（キリスト者）のみのものではないということ

「礼拝」が閉鎖的で独善的であることは、いかにも不健康な姿である。礼拝は、本来教職中心的なものでも、たんなるキリスト者中心のものでもなく、生けるものすべてのものである。「礼拝はキリスト者のみのなしうるところであって、求道者が共にいるから、その本質がゆがめられる」とよく言われるが、イエス・キリストがキリストを知ったものも知らないものも、へだてなく「主」でいますゆえに、たえず礼拝は、信徒も求道者も、また無関心なものも、共に集うことが可能なところなのである。だれ一人として礼拝にもれるものがあってはならないのであって、率先して自発的に他者とともに集うのである。教職が信徒にたいして特権階級ではないのと同様に、信徒も求道者にたいして特権階級ではない。キリストはすべての人間を同じ場所におき給う。その意味で、イエス・キリストにある集いは、たえず開かれており、少数者のものではないのである。

2

以上で、簡単ではあるが、現行の礼拝批判を終えて、次にわれわれは、われわれの新しく形成しようとする教会における礼拝の姿を述べなければならない。

まずわれわれは、人間の本来的なあり方に関して確認しておく必要がある。われわれの共通の人間理解は、あらゆる人びとがキリストとかかわり、あらゆる領域において、人間としての共同の課題に責任をもってとりくみ、共同に歩みをなすものであるということである。その共同の歩みのなかには、多くの困難と矛盾が介在している。キリスト者・非キリスト者を問わず、われわれはそれを克服するために、万全の努力をすべき人間同士なのである。

現代社会に生きるすべての人間は、実際にはこのことが疎外されて、きわめて不完全なかたちでしか行われていない。これを回復することが、われわれ共通の課題なのである。そのためには、「人間」はまさに「人間」として「出合う」ということがなければならない。なぜなら、人間はものと制度のなかに埋没して、自己を失っているのみならず、他者を見出すことがないからである。自己の発見と他者の発見とは同時的・相関的・関係的である。それは自―他の「出合い」という出来事をとおして得られるのである。そしてこの「出合い」において、ひとりひとりが自立的・主体的人間として回復され、ひとりひとりの自発的な意欲にもとづいて、自分たちの願いを自分たちの力で達成していく力が育成されるのである。この自立的な人間関係は「話し合い」によって育まれるという事実を正しく認めてかからなければならない。こんにちまで「共同」ということはたびたび言われてきたのであるが、「共同の生」ということが「話し合い」としてつかむところまで進んでいなかったといわねばならない。

かつて、日本においても民衆の啓発活動として行ってきた教育形態に「承り学習」があった。これは教会における「説教」にも似た方式であって、何度よい「お話」を承ろうとも、けっして人間を自立的にすることはなく、むしろ逆に人間を依存的にさえするものであった。われわれリアルな人間が、共に出合い、ひとりひとりの自主性がのび、思考力が開発されることによって、自立的自由人に成長すること、これがわれわれの目的のひとつとして考えることができる。そこで主体的人格者として相互に出合うのである。「出合い」については、エミール・ブルンナーの『聖書の「真理」の性格―出会いとしての真理』（昭和二五年）やM・ブーバーの『孤独と愛―我と汝の問題』（昭和三三年）などの著作をとおして一定の理解がゆきわたっており、われわれにとってもそれらは学びの著作のひとつであるが、ここではそのコメントは割愛する。

ところでわれわれは、「話し合い」について、立ち入って説明を加えなければならない。以前から注目しているひとつに、「エヴァンゲリッシェ・アカデミー」の運動があるが、日本においても「日本クリスチャン・アカデミー」としてこの運動を推進しており、「話し合い」に関してわれわれに多くのことを教えている。(11)「話し合い」とは、自分の考えを表明することにおける誠実さと、他人の語るところに静かに耳を傾ける寛容さと公正さのないところには起こりえないひとつの出来事である。「話し合い」をいとも簡単にできるかのように考えるのは、現実ばなれの錯覚にすぎない。たんなる雑談やおしゃべり、また儀礼的な言葉のやり取りやお互いのはらのなかの探りあいなどと、真に生産的な意味をもつ「話し合い」と混同してはならない。「話し合い」は自分の意見とちがう人に深く聞くことであり、自分の意見を正確に相手に伝えることである。どのように鋭く意見の対立があっても、人間はけっして絶対的に分裂しているのではないと信ずるのが、われわれの根本原則である。

われわれはこの創造的行為である「話し合い」を、あらゆる領域で創り出さなければならない。「話し合い」は、たんなる付き合いの便法ではなく、人間が相互に人格として出合い、語り合い、自己だけではけっして得られなかった、新しい創造を体験するためのものである。そのような創造を期待しない人は、いくら話し合っても結果は無駄である。彼は結局、自己から出て自己に帰るモノローグを繰り返すのみである。しかし、創造的な話し合いにたいして心開かれているものは、自由な自己としていつも他者に出合い、真実な交わりを喜ぶことができる。必要なのはこの「話し合い」である。そしてそのような「話し合い」がなされていくためには、まずそれにふさわしい「場所」が必要である。すなわち「話し合い」はそれにふさわしい環境的条件を必要とする。くわえて必要なものは、「話し合い」を生産的に展開させていく技術である。

以上、「人間の本来的なあり方」と「出合い」及び「話し合い」について論究した。いよいよ形成しようとする教会の新しい礼拝について述べなければならない。上記のように、あらゆるものが主体的人格者として相互に出合いうる現実こそキリストの共同体である。そしてその現実は、キリスト者が信仰において自覚しているところのものである。また、キリストの共同体は、キリスト者のみで閉鎖的共同体を形成すべきものではない。したがって、相互に出合う共同体としての教会は、「主」にある「出合いの家」〔Haus der Begegnung〕として言語にもたらされるべきものである。

「出合いの家」とは、生きている具体的な人間が、それぞれの問題をもって集い、真実をかたむけて話し合い、ともに力を合わせて、人間の共同社会をきずきあげようとする実際的な家である。たんに教職中心でも信徒中心でもなく、人間共同の場である。ボンヘッファーは、「社会的な交わりは、本質的に神との交わりを含んでいる。神との交わりが社会的な交わりを促すというのではなく、それぞれが、他なしにはありえないのだ」(12)という。この共同の家は、現代においてあちこちに新しく生まれてこなければならないのであり、現に存在しているのである。(それは、キリスト教の旗印のないものであっても、宗教とは無縁なものであっても、である!)

また、「礼拝」という言語は、「共にある交わり」または「共同の出合い」として把握され、「聖日礼拝」は「主日の出合い」として捉えることが事柄にそくしているというべきである。この「出合い」こそ、真の神讃美に他ならない。週にいちどの「主日の出合い」は、共にある交わりであり、真実をつくした学びのときであり、祈りのときである。「出合いの家」は、まさしくキリストの現実に立っての「証しの共同体の再編成」(13)であり、その他の何者でもないのである。そしてこれは和解と共同の場として、地域社会、家族、学校、職場、国家、世界すべての形成に参与するに不可欠なものとして存在理由をもつのである。この場合、「主日の出合い」における「神の言葉」とは、「話し合いのなかに到来する（自己・他者・神・世界…）理解の内実」ということができる。われわれはいわゆる「説教」を「聞くふり」をすることができる。しかし「話し合い」を発展させるためには、ひとりの発言をみんなが聞くことと、ひとりの出した意見をみんなが考えることが重要な態度として要請されるのであって、他者の言葉をたんに聞くふりをすることができない。「話し合い」においては、「言葉」がそれを語る人格とともに生きているからである。そしてそこに、共に生きようとする「共同の課題」を発見し、「共同の祈り」が生起するのである。それこそわれわれが「神の言葉」を聞くところの「内容」なのである。

それゆえ今やわれわれは、「説教」（神の言葉）を再発見したのである。神の行為（言葉）は、非日常的・彼岸的・神秘的なものに留まってはならないのであって、それは日常的・此岸的・現実的な力をもつ具体的な出来事である。かかる意味から、たとえ「神の言葉」が「宣言」または「宣教」という性格をもつにせよ、それは具体的な個々の人格にむかっての「実存的問いかけ」すなわち「発題」として語りかけられ、問いかけられるのである。換言すれば、「説教」は「発題」であって「問題提起」である。その「発題」から「話し合い」へ発展する。「話し合い」のための「発題」である。いままでの「説教をよく聞いて信仰の糧とし生活の指針とする」ということだけでは、「説教」への参与は不十分であるといわねばならない。「発題者」はたんに教職のみに留まらず、あらゆる人がそこに参加し、自らのものにすることが望ましい。教職は「話し合い」のなかで、本当に意味のあるコメントのできるように、助言者の位置にあることが大切である。これこそ「御言葉の奉仕者」であるといえよう。

このことは、宗教改革の貴重な遺産である「万人祭司」の発見から当然のことといわねばならない。過去の「礼拝」は説教中心であって、ほかの者は受動的な立場に甘んじていたが、新しく形成すべき教会（出合いの家）の「主日の出合い」においては、教職ひとりだけでなく、全参席者のそれぞれが立役者である。有能なタレントがどれほどあっても用いられなかった教会から、ユニークな個人の能力が発見され、最大限に発揮される教会へ革新される。ともすれば教会は、信徒の存在と個性を無視したたんなる頭数の多さを問う材料としか見ないという誘惑が強かったといえる。しかし、新しく生まれるべき教会（出合いの家）は、主体的な責任を自覚した自立的な人間で形成されていくのであり、そこに生まれる「交わり」こそ、教会の真の姿であり、教会の本質的な中核である。この貴重な「出合い」は、日常生活の充実となり、あらゆる意味での人間の生きるはたらきとなっていくのである。「ここにキリスト者が互いに日々に新たに生きるものとして、共同の交わりのなかで支えられ、愛のなかに修練しあう」(14)ことができるのである。

以上のように、新しく形成さるべき教会の姿へ革新されるとき、教職の職務も明確になるのである。教職は全生活をその「出合いの家」によって支えられ、その任務に専念し、専門的に働くワーカーであるといえよう。教職は、妙なところでありもしない権威を振りかざしてはならないし、信徒もまた教職のうちに人間性をこえた超人間的（神的）なものを求めてはならない。教職はリアルな人間であって、一生「人間であること」を貫かんとする（神を神とする）ことが重要である。信徒は教職の言葉を（たとえ講壇から語られるものであっても）批判的に理解する必要があるし、教職もまた「話し合い」をとおして、信徒・求道者の対立的な考えの持ち主の率直な意見を聞き、そこから学ぶ用意がなければならないのである。まさしくこの「出合い」において、福音のもっとも基本的な事柄が生起するのである。

3

さて、以下にわれわれは、仁保教会および野洲伝道所における実際の試みを報告するのであるが、それがこれまで述べてきた事柄の基盤の上にのみ重ねられた試みであるということは必ずしもいうことはできない。実際の試みとその理論付けとは相互関係にあるのであって、この試みに参加した信徒・求道者すべてが、上記の理論の共同制作者なのであり、またそれらの実際の試みをなしているのである。(15) 伝統のある制度化した教会にとって、「説教中心」の礼拝から「話し合い」の集い（出合い）への移行は、多大の躊躇を与えずにはおかないものである。そこには危険への恐れと新しさを拒否する慎重さがある。仁保教会の場合がそれであって、今春総会で「仁保教会出合いの家」と改名したが、礼拝は従来のまま（日本基督教団礼拝順序式文に準ずる）を受け継ぎ現在にいたっている。しかし、これまで二回にわたって「礼拝のあり方」について話し合いのときがもたれ、次第に内側から変革されつつあることを知らされている。ことこの問題に関しては、軽率に振舞うことはできないのであって、長い時間と十二分な話し合いを通じて、お互いの理解をふかめ、ともに成長することを願っている。

ところで、「野洲伝道所」は会員数四名、求道者を含めても二〇名足らずの小さな「出合いの家」である。「主日の出合い」の出席者も平均六〜七名で、われわれの試みの場として適当であるとも言える。しかしこのような試みは、小教会のみに妥当するのであって大教会には不可能であるという意見には賛成できない。もちろん、現在のような会堂建築では実現は困難であろうが。

「野洲伝道所・主日の出合い」のプログラムは、「黙祷・讃美・祈祷・聖書（輪読）・発題・話し合い・讃美・献金・感謝祈祷・主の祈り・黙祷」となっている。以前は、「発題」と「話し合い」のところを「宣教と応答」と呼んでいた。プログラムは決して固定化しているのではなく、みんなの意向によって組替えうるものである。「使徒信条」「交読文」などを省いているのは、それらが無意味だからというのではなく、形式的要素をできるだけ省き、はじめからやり直そうとしたためである。ことに「交読文」については、用語も適切でなく現代的でないという意見が多かった。讃美歌については、毎週その選択に苦慮している。個人主義的・彼岸的な歌詞が多く、ともに讃美できるものは実に少ない。新しい讃美歌が創り出されることを期待する。今のところテーマは、役員会を中心にしてみんなで考えていこうとしているが、その場で発題者（現在は教職が担当）が一〇分から一五分できるだけわかり易く語る。その場合、当然発題は高所からなされるのではなく、みんなと同じ平面でなされるのである。

「話し合い」の方法は「円卓方式」である。発題の間に質問が飛び出したり、よこやりが入ったりで、発題は話し合いと区別できなくなることもある。なぜなら、発題者とは別にもっと異なった視点から新しい問題を提起するものも現れるからである。われわれ日本人は「話し合い」が下手であるとよく言われる。「話し合い」をおしゃべりと同一視して「話し合い」に意味を見出さない人もある。

先にも述べたごとく、日本の従来の教育は「話し合い」のできる人間よりも、むしろ黙って承る式の人間を育ててきたのである。「野洲伝道所出合いの家」に集まるものとて例外ではない。まだ「話し合い」のルールを習得し習熟しているとはいえないので（司会者・教職ともに）、ときには思わぬ方向へ脱線したり、行き詰まってしまうこともある。またなにかの問題についてひとりの誤解をほぐすために、本来の話し合いにかける時間を費やしてしまい、ついには予定の時間を忘れてしまうこともあるし、ひとりの人が長々としゃべりつづけるので困ってしまうこともある。しかし、いくつもの失敗を繰り返しながら、みんなが話し合いの妙味を知ってきつつあることは喜ばしいことである。

ここにはサラリーマンあり、家庭の主婦あり、学生あり高校生あり、学校教師ありで、実にバラエティーに富んでおり、そのなかで共通のテーマを選んで話し合うことはけっしてたやすくはない。しかし、説教者が他者の立場に身をおいて考え出したような感じ方・考え方ではなく、おのおの自分と性別・年齢・環境・経済などを異にした生身の人間が、考え・感じ、また体験していることを、直接聞きあい話し合うことには、格段の相違がある。この「話し合い」の場において、われわれは自分で考え、それをひとつの意見としてまとめ、発言することのいかに困難であるかをしみじみと知らされる。と同時に、自分と同じように困難を乗り越えて話される他者の言葉に真剣に耳を傾けるようになる。これらの経験をとおして、表現力が増し、相手の立場で考える能力、すなわち社会性も対人性も高められるのである。

また以前には、だれかが考えて教えてくれた事柄、それゆえに自らはただ与えられるまま受け入れようとしていた事柄を、今やそれぞれが自らの頭で確かめ、自らの生活の座でいかに受け止めるべきかを考えてみようとするのである。すなわち、passive な生き方から active な生き生きした生き方への変革が起こる。

またわれわれは、この「話し合い」のなかで、みんなが同じ平面に立っており、神のほかだれ一人として絶対的存在はなく、教職も信徒も求道者も、あなたもわたしも、まったく同じ位に置かれている人間なのだという認識を新たにする。われわれが強く感じていることは、「話してみれば、特にえらい人も、特に駄目な人もいない」ということである。教職者をいちだん高いところに祭り上げていたという素朴な感情のベールは容赦なく剥ぎ取られる。しかし、真に主体的に生きる決意をした人間は、もはやそのことを恐れないであろう。かかる人間平等の精神は、「話し合い」のなかにこそ自覚されるのであって、封建的身分関係が、現代においても温存している日本の教会のなかで、われわれの試みが何らかの意味を有すると信ずるひとつの点である。

「発題」によってはじまった「話し合い」が、必ずしも適切な結論にまでもたらされるとは限らない。むしろ問題が広められ深められたままで終わってしまうことのほうが多い。しかし、このことこそわれわれにとってふさわしいものである。われわれは新しく生きんとする決意とともに、新たな問題を携えて「出合いの家」を散じていく。ある主婦は言った。「毎日の雑用の中でアクセク働きながらも、日曜日にみんなと話し合ったことを思い返しては、あれこれとひとりで考える癖がつきました」と。さらに、われわれの願いは、この「話し合い」が地域の人びとへと開放され、提供されることである。そのとき「主日の出合い」（必ずしも主日でなくてもよいのだが）は文字どおり「みんなの集い」「みんなの出合い」となるであろう。またそのとき、現在の小さなメンバーのそれぞれは、「話し合い」の司会者あるいは助言者・接待役という、よき「御言葉の奉仕者」として、人びとに仕えることができるであろう。これはけっして夢ではないであろう。野洲も仁保も日本各地の農村地帯と同様に急激に変化しつつあるとはいえ、人びとの生活と精神の奥深くには、いまだ信じられぬくらいの前近代的封建的な風習やものの考え方が根強く生きている。

今まで「教会」はこうした現実に目を向けなかった。「教会」は世俗なる地域社会から区別された「聖なる領域」に留まって、ただ「魂の救い」にのみ専心してきた。

しかしわれわれは、「出合いの家」がこの地域にあることの意義は、地域の問題をともに担うこと、なかんずく封建的・非民主的な地域の残滓と闘うことのなかにこそあると信じるのである。そしてかかる闘いが、「主日の出合い」のなかですでに、ささやかではあるが開始されているとの確信をもつのである。真の神讃美は、われわれが共に課題にとりくんでいき、かつ苦しむことのなかで、おのずから沸きいずるものではなかろうか。おのずから神の聖名を褒め称えずにいられないような、生き生きした「出合い」のときを、こんごも協力し合ってつくり出していきたいと思う。

4

われわれは「現代における教会の革新」なる主題のもとに、とくに「礼拝のあり方」に焦点をあわせて論究してきた。事柄そのものが、キリスト教の中心問題にかかわるだけに、軽率な発言は慎まなければならないが、日ごろ考えている論点を、できるかぎり率直に述べたつもりである。われわれの試みもまた考えも、現代において働き給う御業への精一杯の参画として意味付けられることを願うものである。われわれのごとき考えを持つ人びとは、ほかに数多くあることを知っている。また反対に、まったく受け付けていただけない人びともあることを知っている。しかし、日本基督教団が、実に多くのバラエティーに富んだ大家族であり、相互に絶えず「出合い」と「話し合い」と「共同の証し」がなされようとしていることは、喜ぶべき事態であるといわねばならない。

最後に、上記の反復にならないように、以下のことを、結論的に述べておきたいと思う。

われわれにとってまず何よりも重要なことは、われわれが過去から自由であることの自覚であり、その受容である。そしてそこから今を生きる決意である。われわれの教会は、その歴史的機構、制度、言語、礼拝、伝道すべてにわたっての革新が必要である。われわれの教会は、根本的な「方向転換」を要請されているのである。そしてそのすべての背後に「キリストの主権」が確信されていなければならない。

ボンヘッファーは言っている。「この世はキリストと悪魔とに分割されているのではなくて、この世がこれを認めると否とにかかわらず、この世は全体としてまったくキリストの世界である。」⒃

われわれは、現実の世界は神に気付かない教会であり、教会とはほんらい世界であるということを、たとえわれわれの日常経験に反しても、信仰にある現実として確信しているのである。福音は「セキュラー・イベント」(ホーケンダイク)であることと、「キリスト教の非宗教化」(ボンヘッファー)ということとは、われわれが今こそ真剣に受け止めなければならない事柄であるといわなければならない。

こんにち、人間性の回復の問題に熱情をかたむけて取り組んでいる友たちが、あちこちに存在している。われわれは、あるべき事柄を真摯に問い・求めて生きるなかで、共同の課題を見出そうとするところに「主は共に居給う」ことを信じるものである。もちろん、現代社会はとうてい神とは無縁だと思われるところこそ、あまねく主は共に居給うのであるが。キリスト者のいないところでも、神の御業は働きつづけているのである。誰もが、自分の足で立ち、世界の中に共に立つ。そして歩き出す。

以下の、ＷＣＣ第三回大会報告書のことばは、われわれに多くの励ましを与えてくれるものである。

「これはただのひとつの例に過ぎないが、しかし、教会がいかにして旅人となりうるかについて、重要な意味を持つ例である。すなわち、教会は、ちょうどアブラハムがそれまでの安住の地を後にして、恐れることなく未知の未来に向かって大胆に出発し、絶えず作り直されなければならないテントに住むことを喜びつつ、神の建て給う都を待ち望んだように、大胆に前進するときにこそ、旅人となりうるのである。」(17)

（筆者は、今春同志社を卒業し、滋賀県の中央・琵琶湖畔の一隅にある農村教会・仁保教会に招聘されたものであり、関西学院を経て野洲伝道所に招聘された妻と協働の歩みを続けている。この拙稿も協働の産物である。若輩のわれわれに対して、皆様の適切なご意見とご批判を期待している。〈一九六四年一〇月二日記〉）

註

（１）「世の光キリスト」ＷＣＣ第三回大会報告書、五一頁。

（２）ＷＣＣ関係のグループでは討論が継続されているのであるが、われわれの具体的な個々の教会においては、今日ようやくその機運が高まってきた程度である。過日（一九六四年九月二七日）、京都教区滋賀地区教会役員協議会で「礼拝をなぜ守るかーその本質と実際」の主題のもとに草津教会の渡辺泉牧師の講演と協議が行われた。注目すべきものであった。

（3）WCC Division of Studies Commission on Faith and Order' Fourth World Conference On Faith and Order, Montreal, July 1963。この協議会の報告書の reprint を昨年在学中のエキュメニズムのコースの時、竹中正夫教授の指導のもとに学びあったが、その中からの引用である。Worship and The Oneness of Christs Church' Part1 The Nature of Christian Worship の中の2のa

（4）同上2のb

（5）同上2のc

（6）『ボンヘッファー選集』1、『聖徒の交わり』（新教出版社、一九六三年）一九四頁。

（7）一九六一年一〇月の第二回宣教基本方策協議会の結論として出された「日本基督教団宣教基本方策」による。

（8）教団内の実情からすれば少し極端な例であるが、神奈川教会の礼拝があり、少しニュアンスが異なるが宇野勇次牧師の試論もその好例であろう（『礼拝と音楽』九巻一号参照）。

（9）この方向で極端な例であるが、上原教会（赤岩栄牧師）の場合が考えられる。

（10）たとえば、松木治三郎教授「新約聖書における礼拝」（『神学研究』第七号、昭和三三年、一三一頁～一六八頁）の、とくに一六六頁参照。

（11）「エヴァンゲリッシェ・アカデミー」及び「日本クリスチァン・アカデミー」に関しては、わたしが説明を加えるまでもないであろう。なお、この運動を未知の方は、一九六二年六月発行の『アカデミー通信』第一号より（第四号より『話し合いニュース』と改題された）目を通されたい。その他、関係者の著作必読。本稿には触れていないが、アカデミー用語である「ターグング」（Tagung）の理解は重要である。本論における「話し合い」についての論述は『話し合いニュース』におうところが多い。

(12) ボンヘッファー、前掲書　四一頁。

(13) 「世の光キリスト」ＷＣＣ第三回大会報告書。四二頁。（第一部、証しの第三項のタイトル）。

(14) 竹中正夫「世俗世界における教会の共同の責任」（『基督教研究』第三三巻　第二号、昭和三九年、七頁）。そこには「神の民の聖務」と関連して、「信徒訓練」「修練」について論じられている。

(15) われわれの試みの一端は〈「出合いの家」の誕生〉と題して『基督教世界』（第三一七〇号、昭和三九年七月）に発表した。本稿では重複を避けるため一部削除した。

(16) ボンヘッファー『現代キリスト教倫理』選集Ⅳ、九六頁。

(17) 『世の光キリスト』。ＷＣＣ第三回大会報告書、五一頁。

第三章　賀川豊彦の息吹きを受けて（「神戸イエス団教会時代」）

第一節　待ち望む（『主と共に』二〇号、一九六七年一二月二〇日）

今年（一九六七年）の夏、牧師試験の論文「現代と希望」を作成して、その一部を『主と共に』（国府忠信氏主筆）に寄稿させていただいた。その中で、こんにちの時代が直面し超克が待たれている「神の希望」の内容とその根拠をたずねてみた。今そのこととも関連した「待ち望む」ということを考えてみる。実はこの一事「待ち望む」ことが、われわれの生活にどれほどの張りをもたらしていることか、そこには、われわれの想像をこえた力がひそんでいることを知るのである。人間の基本語のひとつに、いま何を上げるかと問われるならば、迷うことなくわたしは、率直に「待ち望む」ことをあげたいと思う。

われわれキリスト者の称名すべき「主の祈り」は、「待ち望む」ことを教えている。祈りは「待ち望む」ことであり、生活は祈りである。生活は「待ち望む」ことで貫かれるとき、真実の生活となる。抵抗が実をむすび、平和が到来するその日を「待ち望む」、沖縄の祖国復帰を「待ち望む」、貧困と差別が根絶され「人間みな兄弟」の具現する、その日を「待ち望む」。ただ無思慮に、受身的に待ち望むのでなく、すでにその日を先取りしながら、その約束を信じ、目を覚まして積極的に「待ち望む」。これが、われわれの祈りである。

われわれの歴史は神の歴史である。神の歴史における審判と完成は、まったく具体的現実的である。歴史への愛、社会への愛、人への愛を回復しなければならない。歴史を神の歴史として受け取りなおすとき、「神を待ち望む」おもいが息づいてくる。神を主語として自己を述語とする智慧が宿る。その人は、神を待ち望みつつ生き、神を望みつつ死んでいく。これが「幸いなるもの」の生と死である。

イエスの生涯は、人の歩む道をあらわす原型である。「人の子」の道は、「人」の道である。あの創造的言動・しもべとしての仕え人、見捨てられたあの人の生涯は、今を生きるものたちを招く確かな道である。それは、荷の軽い、歩みやすい道である。「神を待ち望む」ことは、宗教的熱狂とは無縁である。イエスは一無位の大工のセガレであった。だれでも誰々のセガレであるのとまったく同じに、「その頭にはかむりもなく、その衣には飾りもなく、貧しく低き大工として、主は若き日を過ぎたまえり」〔讃美歌一二二番〕とあるように。

「人の子」イエスのたどられた道は、神を主語とした「待ち望む」道であった。「すべて主を待ち望む者はさいわいである」（イザヤ三〇・一八）。幸いなる人生が待っている。神はわれわれを忍耐をもって待っておられる。ある日、わたしは「主を待ち望むことは、神の深い忍耐に応えることだ」と記していた。待ち給う主に出合い、新しい道が開けていく。楽しみなことである。

第二節　口を閉じる（『主と共に』二二号、一九六八年二月二〇日）

人はいたずらに口を開いてはならない。口を開くに時があり、口を閉じるに時がある。この時をわきまえなければ、人にたいして害を及ぼすのみならず、自己耕作という、もっとも大切なものが、不徹底に終わることになる。

省みるとわたしは、なんとたびたびこの時を知らなかったことか、その無知を恥じざるを得ない。教師という立場に甘えて、口を開くべき「あふれのことば」が芽生えてもいないのに、不消化のまま口を開くといった無様なことも、たびたびであった。

近年はこの病状の自己診断も少しはできるようになり、内からのあふれた感動のないことばは、決して語るまいと心に決めていたので、わたし自身はそう苦にならずに、むしろ楽しんで口を開いているように思えて、喜んでいる。

しかし、新しい出発をはじめようとするこの時にあたり、「口を閉じる」ことを自分への戒めとして命ずべきだと考えるようになった。人のことばは、たとえ一言であっても、その人の生活経験をへた感動のことばとして表現されるとき、聞く人の心を打つものである。ことばは生活であり、生活経験というものが大切となる。生活が深まらないかぎり、その人のことばは抽象的となり、空を飛ぶ。生活が深まるために、「口を閉じる」ことが大切であるように思えてならないのである。そうすればおのずと、日常生活のことばが創造的な機能をはたしてくるに違いない。

とくに聖書を学ぶ上において、だれかに教えるためではなく、自らの生活のなかで学ぶことを目指したいのである。生活のなかで聖書を学び、聖書を学んで生活する、このことを貫くものでありたいと願っている。わたしは牧師になるために、ある小企業の一労働者として再出発しようとしている。であるが、ただいまそれを公言することを慎みたいと、心に命じている。またこのことは、他人に見せるものに供したくも無く、ショウにもしたくない。

ただわたしのなすべきことは、黙々とわたしに備えられた道に生き、働き、経験を深め、それを自分自身のために、ことばをもって整理し、表現して、自己耕作に集中することなのである。多分、日ごとの経験を重ねるなかに、何らかの形で、親しい友達などへ伝えたくなるのではないかと予想するのであるが、その場合も、親しい友だちへの打ち明け話ということを越えて、広言はすまいと考えている。

これもまた、表現の倫理とでもいえるもので、自分のなしていること、またなそうとすることを、だれにでも表明してよいというものではないということである。人の評価とか、批判などを気にすることなく、なすべきことに専念集中する精神が大切である。秘め事をして、他人に言わぬということも、マンザラ捨てたものでもないように思うのである。一見それは、閉鎖的な傾向にすすむかに見えるかも知れないが、わたしの真意はまったくその逆であって、開かれた心であるための禁欲のようなものである。口を開くために、口を閉じるのである。口の開きっぱなしも、閉じっぱなしも、わたしの好むところではない。禅師・達磨大師は、七年間孤絶して道を参究したのであるが、わたしはあの参究心に、いたく感動するのである。

第三節　牧師労働ゼミナール・準備運動

わたしにとって、今年（一九六八年）の牧師労働ゼミナールは、新しい生活を開始する前のいわば「準備運動」だった。昨年すでにその夢は宿り、志は固まっていたのであるが、今回はそれが確定的になり、その助走が始まっている、そんな感じである。新鮮で親密な共同生活をふたたび経験し、そのなかでも、毎夜の聖書の共同研究─これはほかならぬテーマの展開であるが─を軸にして、さらにわれわれの共同の課題を受け取りなおすことが出来た。すなわち、「わたしについて来たいと思うなら─修行・卑下・社会性」にすでに明確に示されているように、肉体労働をともなう共同生活のなかで、あらためてイエスのことばと行動を学びなおし、そこからわれわれ自身の「人間となる・牧師となる」ことの内容およびその方向性、加えてさらに現実の教会のあるべき形への新しい希望など「真剣にそして自由」に探ねあうことが出来た。

とくに今回のゼミナールには、生活を共にしていただいた中森幾之進牧師のことばと生活は、われわれの試みの響きを、いっそう深く広いものにしていただけたと思う。それぞれの体得したポイントは異なるけれども、わたし自身の率直な感想をここに記して、今後に役立てたいと思う。

先ずひとつは、こんにち「牧師となる」ということは一体どういうことなのだろうか。これは、この期間中切実に問われつづけたことであり、いっそう本質的かつ実存的な問いへと深まっていった。自分の足元、生きている現場に即して探求すべき事柄となっていった。これまで短い期間、しかも不徹底な探求の歩みであるが、教職という任にあって、教会の使命とそれを阻害する問題性のありかを探ってきた。神戸に来る前の最初の任地は、滋賀県の農村にある小さな教会であった。そのときの最大の関心は、「礼拝」および「説教」のあり方の問題であった。小冊子「現代における教会の革新—特に礼拝のあり方に関連して」はその拙いレポートである。われわれは、これらの課題をさらに一歩すすめる場合、自らの生き方のひずみを立て直すという、もっとも基本的な場所・出発点に引き戻されることになった。

いまこの出発点から新しく生きはじめるところに、思いもかけない不思議な道が開けてくることを、発見したように思うのである。つまり、礼拝〔説教〕が新しくされるためには、それに参画するわれわれ自身が新しくされなければならない。このことがまず先行することを知ったのである。そしてふたつには、「信徒と教職」の機能的な分有論についてのことである。一日の労働をおえてドヤ〔尼崎教会〕に帰り、近くの銭湯で、はだか談義をよくやった。そのときの話題のひとつに、「言葉と行為の統一と相即性—言行一致の重要性」ということがあった。教職にあるものは、行為をともなわない言葉によって、信徒においては言葉のともなわない行為によって、相互に阻害されており、共に生活の生きた力と智慧と信仰の把握が十分に開拓されにくい、という問題意識であった。

たしかに普通、教職は文字どおり「教える」職にあり、信徒はそれを聴いて生きるものと考えられている。現状の機能を前提にして考えればそういうものだということになるが、教職・信徒ともに、言葉と行為が統一的に相即して生活するという一事が、共通の根本的な課題となっているということである。教職も、信徒もともに「ひとりの生活者として生きる」というところに重心を構えて生きはじめるとき、対信徒・対教職といった疎外現象は解決され、新たなつながり・関係性がそこに生起してくることを、深く感じるのである。

この新しい歩みをとおして、われわれの共通の課題を深めていくとき、思いがけない展開が始まっていくことを、いま予感するのである。聖書の学び方、礼拝の仕方、教会というもののとらえ方など、そのほか一切のものへの、生きた感覚と知性が回復されていくように思えてならない。われわれの関心のプロセスを今ひるがえってみると、教会論→礼拝論→信徒論〔教職論〕という方向をたどり、キリスト論（イエス・キリスト論）に裏打ちされて、新しい信徒論〔教職論〕→礼拝論→教会論へとUターンをなしつつある、という思いがしている。以上、いま「準備運動」をしながら考えていることを記して「ゼミナール体験記」とする。

（一九六八年一月二一～二七日：第二回牧師労働ゼミナール報告書〔兵庫教区職域伝道委員会主催〕「ついて来たいと思うならー修行・卑下・社会性」より）

第四節　新しい夢を宿した二年間の修道のとき

いまはむかし、不思議なご縁で神戸イエス団教会の招聘を受けたのは一九六六年春、四四年も昔のことである。しかも二年間という短い期間であった。けれども私たちにとってあの二年間は、新しい夢を宿した大切な修道の時であった。大学を卒業してすぐ結婚、農村の小さな教会の牧師になることを夢見ていたので、びわ湖畔の片田舎、近江兄弟社関連の「家の教会」が、私たちの最初の任地であった。

近江兄弟社学園の聖書科を受け持つなどして、新しい教会のかたちを求めて試行錯誤を重ねていた。しかし二人目の子どもを授かることになり、生活上やむなく「出稼ぎ」の決断を迫られることになった。産後すぐであったが、私たちを招いていただいた先が、皆様のこの神戸イエス団教会であったのである。

建築間もない「賀川記念館」は、生来田舎者の私にはたいそう立派に見えた。ここではじめて村山牧師ほか役員の方々の面接があり、皆さんから温かい励ましのことばを受けたあの日のことは、今も忘れることが出来ない。面接を終えてその数日後、武内勝氏の急逝という衝撃的な悲報を受けることになる。そのご葬儀が私のここでの仕事始めであった。

※

村山盛嗣牧師は勿論お若く、記念館館長として、友愛幼児園園長として、さらには保育園連盟などで既に幅広くご活躍の時であった。新しい記念館では、加藤忍氏を中心として若手三人衆：祐村明・加藤鉄三郎・宮本牧子各氏らが、多くのボランティアと共に学童保育・キャンプ・バザー・古着市・相談活動など、若い力で大活躍が始まっていた。教会の伝道師というのが私の職務であったが、記念館で毎週開かれていたスタッフ会議にも、最初から顔を出し、諸活動にも可能な限り加わっていた。

幼子二人を抱えた四人暮らしで、記念館二階の居室で生活していたこともあって、友愛幼児園の先生方や給食担当の方々にもお世話になり、とても親切にしていただいた。若き日の先生方のお顔を今でもすぐ思い起こすことが出来る。

同じ二階の向かい部屋には、管理人の国府忠信・清子夫妻がおられ懇意にしていただいた。一階に小さなお風呂場があり、週に何度か国府さんがお湯を整えてくださったり、時には子守までしていただいたことも。週に一、二度屋上にあった和室にあがり「横堀川」という連続ドラマや淀川長治の「日曜洋画劇場」などを観るのが楽しみだった。当時まだ白黒テレビであった。

※

教会学校もあの頃、斉木進之助校長のもとに多くの先生方が揃い、中学生や高校生が群れていた時代であるが、記念館のスタッフ三人衆の周辺には青年男女も結構寄り集まっていた。

賀川先生の中には早くから「家の教会」構想は芽生えていたが、当時「教会の革新」の試論として「家の教会」といわれるものが話題になっていた。これを活かす試みとして、教会員を幾つかに組み分けをしたりして「家の集会」を始めていた。

その中でも際立っていたのは、お膝元の「吾妻集会」であった。当時は主に神田さんのお宅で集まりを持っていたが、佐藤きよさんや国府忠信さんの熱心さは突出したもので、「吾妻集会」は特に日々の生活を中心とした宗教座談といった面白みがあった。当時の地域の様子はといえば、まだバラック住宅が残り、戦前建築された共同住宅には戦災後さらに屋上屋を重ねる無残な環境が放置されていた。「吾妻集会」でも、新しい記念館のわが居宅の中にまでも、神戸名物（？）でもあった恐怖の「南京虫」が襲来してきて大いに悩まされたことも、今はもう懐かしい昔の語り草になった。

※

一方あの二年間は、牧師仲間の有志でシモーヌ・ヴェイユの月例読書会を行ったり、延原時行牧師が提唱した「牧師労働ゼミナール」（尼崎教会で共同生活しながら労働体験と共同研鑽を行う自主的な牧師研修）を二度にわたって経験したりして、ゆとりを持って「新しい時代を生きるキリスト者のかたち」をじっくりと模索する、本当に恵まれた時であった。

またこの二年間の修道期間の終わりには、相方ともども牧師試験に合格し、今後は私たちも「在家労働牧師」として生きるという天来の夢を宿して、喜んで新しい歩みを踏み出すことが出来たのであった。

こうして一九六八年四月からは、長田区で六畳一間の部屋を借り、ゴム工場の雑役労働で自活する生活がスタートした。「出合いと対話」は学生時代からの私たちの基本語になっていたが、教団公認のかたちで「番町出合いの家」の誕生となり、以来こんにちまで、もぐら暮らしの実験を楽しみながら、あっという間に四十数年が経過した。

「賀川献身一〇〇年記念」の昨年は、神戸に来てからの念願でもあった「武内勝所蔵資料」の閲読を許され、その「玉手箱」の中からは何と、賀川豊彦・ハル夫妻の武内宛直筆書簡およそ一二〇通と貴重な武内日誌などの「お宝」が発見される事態となった。その関連で昨年は、イエス団関係の方々（真部マリ子さん、河野洋子さん、大岸坦弥・とよの夫妻など）のお話や所蔵写真にも接することも出来た。

それらの「お宝」は「賀川豊彦のお宝発見」として「献身一〇〇年オフィシャルサイト」で九四回の長期連載となり、現在インターネット上ですべて公開されている。そして神戸文学館での企画展「賀川豊彦と文学」（二〇一〇年三月二二日まで）でも、専門学芸員の方の手によってその一部が展示されている。

神戸イエス団教会が、神の働きに与かる喜びに生きた多くの先達に呼応して、再建された新しい賀川記念館並びにイエス団の中核的役割を担い、益々の前進を遂げて行かれる事を、心よりご期待申し上げ、記念誌への拙稿とする。

創立一〇〇周年記念、おめでとうございます。

（『神戸イエス団教会一〇〇年の歩み』二〇〇九年への寄稿文）

第三部　新しい生活の中から

―番町出合いの家の創設―

第四章　働くこと・生きること

―『日録・解放』一九六七・一二～一九六八・五―

はじめのことば　解放！

一九六八年八月二日、金曜日。午前中の労働を終え、弁当を腹にいれ、心身ともに落ち着いた、昼休みの貴重なときである。昼休みは、友だちと話し込んだり、将棋をさしたり、昼寝をしたりして様々であるが、ぼくは殆ど本を読んだり、思い浮かんだことを書き留めたりするために用いることにしている。ある日「身体は精神のため、精神は身体のために存在している。身体と精神はひとつである」とメモしていたが、人間サマの生活は、快調・不調の交互の継続である、と言えるようである。

今日は快調である。きつい仕事でシャツは汗でぐっしょりなのだが、これがまた心地よい。精神と身体にハリが感じられる。こんなときは、疲れはない！　ペンをもつこの指先も、あふれ出る何かを覚える。快調なとき、ぼくは自分の指先や手のひらを動かしてみればすぐ分かる。いのちが満ち満ちていて、それがそのまま指先に現れるからである。

さて、今晩から寸暇を惜しんで取り掛かろうとしている、この日録の「はじめのことば」を書き留めておこう。まず、日録の名前であるが、既に一カ月ほど前から、名前だけはできていた。名付けて『解放』である。四ヵ月間の「未解放部落・番町」での生活のなかから、自覚的につかみ取った言葉、それが『解放』なのだ。ベルジャエフの『真理とは何か』や『奴隷と自由』は強い励ましになった。「部落」およびゴム産業の現状も、深い問題意識を呼び覚ましてくれた。ぼくのこれまでの生活のなかには欠落していた言葉、それが『解放』であったのだ。あらためて個人的にも社会的にも、旧いわれわれから、そして形骸化した諸伝統から解放されて、自立した新しいわれわれ、解放されたわれわれを、つねに探求していくことの悦びを知ったのである。『解放』――この言葉によって新しく響いてくる声を洞見しながら歩まねばならない。当然と言えば当然かもしれないが、既存の制度的キリスト教用語のなかには『解放』という言語は未発見のままである。キリスト教の「基本語」のひとつだとぼくは確信するのだが、あの一万円ほどもする『基督教大事典』のなかにも、この言葉は載らないのである。

では、こんにちの思想界においてはどうなのであろうか。浅学のせいか、それもあまりお目にかかることはないのである。先年、創文社で刊行された『新倫理辞典』のなかにもないのであるが、この言葉は、思想の「基本語」ではないのだろうか。一カ月近く前、藤田省三著『維新の精神』を再読したのだが、そこには「解放の精神」が行間に強く現われていて感動を新たにした。さらに先日は、岡村昭彦・むのたけじ著『一九六八年』を読み、同様の感動を覚えた。いま、キング牧師の『自由への大いなる歩み』を読み返しながら、新鮮な教示を受けている。

こうして考えてみると、いわゆる「キリスト教界」といい「思想界」といい、「人間の基本語」を見落として平気な一群とは別に、『解放（のことば）』―言語と事実とはひとつなのだ―を「人間の基本語」として回復させるために生きている一群が存在しているのである。例示するまでもなく、ベトナム民族解放！　アメリカ黒人解放！　沖縄解放！　労働者解放！　部落解放！　これらの「人間解放」のいぶきは、全世界的・宇宙的広がりと深さをもって、すでに燃え続けているのである。

真実の思想は、解放の思想である。真実の宗教は、解放の宗教である。真実の人間は、解放の人間である。解放は闘いのなかでの出来事である。偽りの歴史への闘い！　偽りの現実への直面！　その闘いへと突き動かす、正気の自己への立ち返り！　旧いわれから新しいわれへ！　この展開をこそ、切実に求めているのである。

核時代における宗教者・思想家・教育者、この「ひとりの人間」の役割は、誠に重大である。

歴史というものは、偽りの歴史―これは何と言おうか、成り行きとでも言えるもの―と、真実の歴史―これは成り行きに対し、真実の基底から抵抗する解放の闘いの歴史―との闘争で織り成される、とぼくは考えている。偽りの歴史に乗っかって生き延び、その歴史を温存し助長するような役割しか果たして来なかった諸思想・諸宗教・諸人間は、なにぶん虚偽に依存している存在であるゆえに、必ず真実の歴史の舞台から見捨てられてしまうのである。いな、すでにとっくの昔から見捨てられているのである。解放の闘いは、歴史をつくる生活者の闘いである。

イヤハヤ、休憩時間も残り少なくなってきた。解放の思想・解放の宗教・解放の人間の探求は、日ごとに一歩一歩続けられる。日々、学び取ったものを走り書きする。この日録は、人に見せるためにつくるのではない。自己耕作の結果、産み落とされる子どもである。だからこれを素材として自分自身のために用いる。

内容としては、毎日のメモを収める。四カ月前のメモを、今こうしてガリ版で採録すれば、当然そこに「旧いわれ」を感じる。時を覚える。こうした日々の継続が重要なのである。そしてこれは、友だちに、友情のしるしとしてお送りするため、数十部つくりたい。ぼくの切なる願いは、このまちの解放運動の担い手たち自らが共同して、「生きた解放の言葉」を手作りの文集にして刊行していくことである。そのためのウオームアップを、こうしてやり始めるという次第である。要は「解放」のためなのである。

さあ、午後の仕事である。これからまた、全身これ汗！

工場の着替え室にて

コメント　この「日録・解放」は、鉄筆を持ってガリ版にカリコリ書きながら、謄写印刷も自分で一枚一枚仕上げたもので、パソコン時代のいまからみると、まったく時代ものですね。「日録」は、一九六七年の八月から、自覚的（?）に書き始めていましたが、どういうわけか「日録・解放」の書き始めは「番町出合いの家」がスタートしたその時からではなく「神戸イエス団教会」在任中の時のものとなっています。これはおそらく、その段階から書き始めなければ、新しい生活を綴るには、あまりに唐突になり、こういう繋ぎがどうしても必要であると、考えたからなのでしょう。ともあれ、一九六七年一二月末、大晦日のまえから、これはスタートしています。また「日録」では公開することなど考えていませんから、みな実名で書いていますが、ガリ版で綴るときには、人名はイニシャルになっていたり、いくらか読みやすく補正しながら、進めていたのではないかと思います。原文は、その時々の思いついたことなどを、もっとたくさん落書きをしていた筈ですから。

一九六七年一二月三〇日

祐村君とともに、部落解放同盟番町支部の書記長である西脇さんと出合う。長屋の一角を借りてできた事務所で、一時間ばかり語りあう。西脇さんの話では、地域の働く人たちが、自動車の運転免許を取得するための新しい組織である「車友会」というものをつくって、自動車学校に入学する下準備として「識字学級」に取り組んでいるので、そこでの学習指導などの手伝いをして欲しい、とのことである。少しずつ現実にふれながら、自分にできることを発見して、一歩一歩歩んでいきたい。

教区議長の中村牧師より電話をいただく。はじめて先生の教会をお訪ねして、三時間ばかり話し合う。中村牧師は、牧師たちの異動などの相談に乗るなどされているが、先生のお話は、ぼくの新しい仕事場を紹介する話であった。ぼくから何も、そういう相談をしていたわけではないのだが。ひとつは滋賀県の教会、ほかひとつは九州の炭鉱の町の教会であるがどうか、という話である。その話をお聞きしたあと、私にはそのような異動の意志はないことと、労働牧師をめざして新しい歩みを始めようとしていることについて、ぼくの志を、先生に伝えた。

中村牧師はなかなかワカイ！　ぼくの志にいたく共鳴しておられるようだ。志が与えられれば何者をも恐れるものはない。人はその固有の使命で動くものだということを先生は解っておられる。そしてその使命もそれぞれ違っているということも、わかっておられるようである。

―しかし話していて思ったことは、牧師の人事で、あくまでも個人的でマル秘的なものまであらいざらいに話されるのは良くない。ぼくにはそんなことには全く興味がない。人の志こそが重大なのだ。それにしても、中村牧師と話をしていて実に楽しかった。それは互いに率直に語り合うことができたからだ。なにか新しい世界が開かれてきたような気がする。

―牧師となること、教会の真実を表現し行動すること。これを自分の仕事とせよ。「イエスと共に生きる」―これがわたしたちの楽しみだ。そこに備えられているものがある！　仕事が待っている！

延原さんから『BAMBINO』の一二月号が来た。ぼくも彼のように自分自身のなかで新しい「私」を受け入れ、それに従って生きるところで、生きた認識を与えられ、喜んで歩もう！　何という喜ばしいことであるか！

一九六八年一月五日

これから新しく住宅を確保するには、敷金として大体一五万円必要である。今わたしたちの貯金は五万円である。教区から五万円の借り入れができるから、後五万円が不足する。やむなく、我が家の愛蔵本をここで処分する。夜中一二時過ぎまでかかって大体かたずく。長女（満三歳）も次女（満二歳）も遅くまで相手をしてくれ、本を運んでくれた。長女は言う「お本をなぜ箱に入れるの？」。新しい出発のためだから、我々にとって案外楽しい作業である。これでいくらになるのか知らないけれど、大事な書物を売るのはこれが初めてであり、大いに心残りのするものである。惜しいとは思うけれど、中にはもはや過去のもの、不要のものもある。本からも自由であれ。本たちよ、人の手にわたり天下をめぐれ。縁あらばまたおいで。一冊一冊の書物の中に、メシの味がする。学生の頃から食うものを節約して求めたものばかりである。こうして私たちは「新しい世界」に歩み出す。

一月一〇日
中村牧師より兵庫教区常置委員会で「番町出合い家」の開設申請が認められたとの電話をうける。ふつう「伝道所」の開設は幾人かの信徒がいて、はじめて認められるのであるが、我々に宿った新しい歩みが、こうして公的なかたちでも認可されるわけであるから、喜ばしいことである。もちろん私たちにとって大事なことは、教区・教団からの認可を受けるかどうかではない。大事なことは、私たちが何を支えにして、何を使命に生きていくのかにあるのである。そこを、教区も教団もシッカリ踏まえて、認可をいただくことができるのであればいいのであるが…。大切に思うことは、道理にはずれないで、備えられた私たちの道を、一歩一歩進んでいくことである。

一月二一日〜二七日
兵庫教区の二回目の「牧師労働ゼミナール」に参加。今年のゼミは、私にとって新しい生活を開始する前の準備運動の役割を果たしてくれた。昨年すでにその志は決まっていたのであるが、今回はそれが確定的となり、助走がすでに始まっているごとくである。

二月二日
わたしたちの新しい生活の場所が見付かる。地域のなかの二階建ての旧い「文化住宅」で、六畳一間で家賃六〇〇〇円、敷金五万円。部屋のなかに水道はある。一階の一番奥の部屋ですこし暗い感じがするが、共用の便所がある。お風呂も市場も病院もそう遠くではない。相方もここでいいという。早速明日教区から五万円を借り入れて契約を済ませたい。地域の隣保館で出合った中島さんという地域の役員さんが、わたしの志に共鳴されたらしく、わざわざ知り合いのゴム工場を紹介してくださる。いちおう「履歴書」が要るらしく、正直に書く。

二月八日

紹介をしていただいたゴム工場をたずねて面接を受ける。地域のなかにある工場であるが、規模も大きく安定した感じのするところである。面接は人事と事務を担当している方でいろいろ尋ねられた。「将来、教会にかえって立派な牧師になるために、しばらくの間ここで働きたいのか」などと。わたしは長期にわたって働きたいこと、将来のためではなく「いま・ここ」で生きることが望みであること、履歴書には本当のことを書いたけれど、何の肩書きもなしに生きたいこと、などを答えた。「給料は手取りで三万円にも満たないが、これでは生活できないのではないか」との問いには、わたしも少々困惑した。家族四人が生活するのには、これでは無理であることはよく分かる。しかしそれも覚悟のうえだ。一生懸命に働いて、それでも生活ができないような状態こそが問題なのだ。働きながらこの貧困から脱する道を見出せば良い。わたしの面接を評して「前代未聞の珍事・カミサンのような人が来た」と言われたそうである。わたしはただ「志」に生きるだけだ。働いて食う。三万円で良いではないか！　妻も子どもたちも喜んで生きておる！

二月九日

滋賀県の仁保教会にいたとき、ワイフはこんな替え歌を口ずさんだりしたものだ。

おんぼろ牧師の土曜の夜のうた

吹けばとぶよな　教会堂に
かけた生命を　笑わばわらえ
下手な説教も　八百八回
月も知ってる　おいらの意気地

あの手この手の　思案を胸に
やぶれ会堂に　今年も暮れた
ネタを探して　今夜は徹夜
作る我が身が　いじらしい

なかなかうまい替え歌である。忘れられない傑作のひとつである。しかしわたしはいま「新しいうた」を歌わねばならない。オープンな部落問題の学習をはじめることができたらいいと思う。関心のあるものの自由な「夜談会」で、部落の歴史や現状、解決の道を探っていく。まずはふたりで、しっかり研究をすすめること。わたしの生活の場所が、どこでも「出合いの家」であること、零細企業の労働者として生きること、そしてここでの牧師であることを学んでゆく。午後、番町の「我が家」に出向きガスコンロなど買って備え付ける。帰りに解放同盟の西脇さんにあって新居の報告をした。彼もわたしたちのために、わざわざほかの場所にあたり、より条件の良いところを探していただいていたようだ。しかし条件は悪くてもどうということはないのだから、と御礼を言う。またどこかの新聞記者が我々にぜひ会いたいといわれているらしい。もちろんこれはお断わりする。

二月一〇日

人のことばは、それがたとえ一言でも、その人の生活経験に即して自ら感動したことばとして語られるとき、はじめて深く聞く人の心を打つものである。「表現の倫理」というようなものがある。自分のしていること、これからしようとすることを、誰にでも表明してよいというものではない。できることなら秘めごととしておくのが一番である。これは閉鎖的な態度のように見られるが、開かれた心を養うための前提になるものである。達磨が七年間弧絶して、道を参究したごとくにである（国府さんの発行する『主と共に』に「口を閉じる」を寄稿）。

二月二一日

河上民雄氏を支援する「民の会」の機関誌『灯』の「ひろば」に寄稿するためのメモ。「神戸市内にも数多くの不良住宅地区があり、労働問題・教育問題など総合的対策が急がれる場所が存在する。これらの問題を放置しておくことは許されることではない。もちろんこの問題の解決のためには、自らの権利回復のための理論と実践の積み重ねが不可欠であり、マイナスの条件の中にあるものが、正しくその変革の道を探らねばならない。」

三月一日

吾妻地区会（注・賀川記念館のすぐ隣の神田さんのお宅で小さな集いがもたれていた）での最後の奨励メモ。

「ここでなごやかに語り会い、多くを学ばせていただいた。この二年間はわたしにとって、少しゆとりをもって自分の生き方をたずねる時であった。賀川先生が『宗教とは生活の工夫である』と言われたが、これからわたしたちは、宗教が生活そのもので、生活が宗教であるようなあり方を、ともに学び続けたい。わたしは新しい場所に移るが、これまで以上にみなさんを身近に思い続けるに違いない。感謝と御礼。」

三月二六日

昨日神戸職業安定所に出掛け、求人票で見付けた「日生化学」（ゴム工場）を紹介いただく。そして今日午前中に工場を訪問。直にその場で四月一日から働くことがきまる。学歴も職歴もなにも問題にされず、ただ労働者としての熱意だけを尋ねられた。私にとってこれほど有難いことはない。また待遇もまずまず。しっかり働こうと思う。出来るだけ静かに働きたいので、自分の働き場を明言しないで黙々と働きたい。

三月二七日

教会における職業的表現（？）は今日で完了。キリスト教信仰の生命は、自己の相対性の明確な認識にある。自己の不真実をごまかして居直ることなく、真理の生命に連れ戻されて生きることこそ重大だ。自分はすでに真理をつかんでいると思い込み、他者を安易に拒否する傾向がつよい。安易な協調と分裂はいずれの場合も有害である。何事もつねに深く検討されねばならない。深く検討をへた思想および行動はそれなりに自信がある。恐れはない。そこには真理への開放性がある。自立した人間にしてはじめて相互の交流は可能である。真理をもとめて探求的人間でなければならない。真理はつねにわたしを待っている。働け・仕事せよ・学べ・考え・書け！　すべてのわたしの生は、真理を探求する生であれ。それ以外のうつろな生は、ぼくの外へ出て行け！　聖書のなかの悪鬼・悪霊とは何だったのか。それはわたしをうつろにし、真理から逃避する生に不当な理由をつけて甘んじさせようとする強力な力ではないか。悪鬼・悪霊はわたしのなかに強く生きている。イエス・キリストはわたしの悪鬼・悪霊をおいだし真理へと導く力ではなかったか。はっきりそれを自覚しなければならない。真理とは何か！　これが求めるべき課題である。（三ノ宮駅にて）

真理をもとめる探究的・発見的人間はからだが躍動している。目は光り輝いている。（車中にて）

三月二八日

今日からわたしたちの新しい生活がはじまった。「番町出合いの家」（注・公式名称は日本基督教団番町出合いの家伝道所という）。この家は、隣近所の家となんら変わるところはない。家賃六〇〇〇円、六畳一間に一家四人暮らし。共に生きたもうキリストを発見しようと意欲する小さな家である。自らがその発見の悦びに促されて生きているものたれ。

三月三〇日

神戸イエス団教会における仕事のいっさいが完了した。二年間の経験は、その前の滋賀県の農村教会での二カ年の経験とおなじように、教会というものの現状とその問題点、並びにその変革の道を求めるのに、たいへん有益であった。その探求の過程のなかで、それまで先輩から教えられて、もっとも大事に保とうとしてきたものを、ひとつひとつ捨てていく作業をしなければならなかった。いな捨てる行為に先行して、真実のいのちが、わたしたちに到来した、といったほうがいい。旧い自分のなかに、制度的なキリスト教のなかに、いのちがうせていることを承認せざるを得なくなった。もはや古い自分を守るために、いのちを失った制度的教会を守るために、これ以上励みつづけることは、不本意なことになってしまった。真理は断片的なのだが、真理はすべてを要求するのである。こんにちの教会は、現代人の気休めの場となり、そこには何事も新しいことも起こりえないことがたびたび指摘されるが、このような現状を変革するためには、まず自らが真理に促され、真理の探求者として、今・ここから生きはじめる以外に方法はないことを知った。

東岡さん（注・京都教区部落伝道委員長）から葉書きが来た。そこには「兵庫教区に部落伝道委員会をつくってはどうか」という提言が書かれている。委員会ができれば必要な活動資金が教団及び教区から届くそうだ。だがいまのわたしは「部落伝道委員会」などつくろうなどとは考えてもいない。ただわたしは真理の道に連れ戻されて、ここで生きはじめるのである。生きることを学びなおすことなのである。東岡さんには「キリストの仕事場に身をおきそこで仕事をすること」がぼくの志であることを返事した。この生活の場からどんなことが起こるかは予測はつかない。口を閉じ、潜行し、ここでの課題を発見して、喜んでそれを担って歩むだけである。

与田さんと犬養さんから友情あふれる葉書きが来た。うれしい。長女と銭湯にいく。銭湯はいい。気持ちがいい。出合いの家である！　出合いの家はどんなところでも起こる。長女に話しかけて親しくなったおっさん。ぼくはそのなかに神の栄光をみる思いがする。ぼくの大事な先輩の延原さんが、かつて「同一性」を「事実的・作用的・意味的」と三つに区分して、その相互関係を探っていたのを思い出した。出合いは「日常性」なのだ。友だちをむかえ、友だちをたずねる、そのときが出合いの恵みのときなのである。何処にあってもそのところが四六時中礼拝なのだ。これには訓練が要るようだ。出合いの家の普遍性。いたるところ栄光は満ちている。われわれの仕事、それは出合いを経験すること。

三月三一日

『創文』一九六八年・五八号の秋月龍珉師の「初めに大悲あり」に接する。これは重要である。天地の慟哭！　これをわが慟哭に！　われわれがここで生活をはじめるのも、神の大悲にふれたそのところからである。何のためにと問われるならば、わたしも「一人の要するあり」と答える。番町ではじめての「主日の出合い」（礼拝！）　朝食から昼食まで。われら二人と子供二人。集中のとき。

四月一日

いよいよ本日より労働者としての生活もはじまった。朝六時三〇分起床。七時三〇分に家を自転車で出て八時前に会社につく。最初であるから、仕事の内容その他を少し詳しく書き留めておく。

まず会社につくと、受付のタイムカードをおす。現場責任者の中島さんに案内されて着替え室に入る。工場の二階倉庫の一角である。白粉で部屋全体が真っ白。着ふるした下着類や作業服、手袋や草履、足袋などが散在している。そのなかで職場の友だちはすでに着替えの最中である。ここでの着替えとは「総替え」なのである。ぜんぶ脱ぐ。なぜなら仕事ですべてが汗と粉で汚れるからだ。ぼくは着替えとして作業ズボンしか持参していなかったので少々とまどう。

きのうが日曜日、しかもその前日が給料日でもあったらしく、皆マージャンなどで疲労しているようだ。そのために、月曜日は残業なしで定時〔五時〕に終われるように段取りをするらしい。マージャン疲れで、月はじめから休む人もいる。一日休むと皆勤手当ての楽しみもなくなるから、楽しみを残すためにも休んではいけないと口ぐちにいう。だが、皆勤をするということは、よほど快調なときでなければ不可能に近いらしい。それほど仕事がきついのだろう。仕事始めである。ぼくの仕事は、ロールから見事に切り出されたラバーをさらに数枚あわせて、それをパレットの上に調える単純な反復作業である。ほとんどがスポンジ類で、色も紺・緑・赤・黄など多様であり、大きさも多種である。白粉が舞ってすぐに全身が白くなる。この白粉はどの程度の害をおよぼすものか確かめねばならない。

午前中も午後も休憩時間はないのだが、「冷コ」を近くの喫茶店に注文してそれをみんなが飲む。これは会社が出すのではなく、友だち同士が※※をして負担するのだ。ぼくは※※の仲間に加わらなかったが、うまい「冷コ」をいただいた。一二時一五分前に仕事をとめ、顔を洗って昼食。一時まで休み。

会社の周辺を見てまわる。このあたりはどこもかしこもゴム関係の工場ばかりである。そして至るところに「貼工さん」「ロール工」「常傭」の求人の張り紙がはられ、人手不足を訴えている。三〇分ほど近くの公園のベンチで寝そべる。公園の近くに神戸市の清掃局があり、黒煙をむくむくと上げ、暖かい日差しをさえぎってしまう。清掃局のとなりは幼稚園や小学校がつづき住宅もある。これはひどい。
午後の四時半には仕事は全部終了。四五分に工場内の風呂場へ。五時過ぎに退社。帰りの夕日は美しい。途中から夕陽を背にして歩き出す。明日はこの前方から太陽は昇る！
晩飯がうまい。岐阜土産をもって相方の姉さんがきた。明日から四時間の残業が始まるかもしれない。また、来週からは夜勤もはじまる予定である。

四月二日
仕事場の白粉は何とかならないか。のどにタンが引っかかって、どうにも不快である。みな慣れてしまっているようであるが、このままでいいはずはない。このアパートの隣りの路地を見ろ。大きなねずみがちょろちょろして、異様な臭気を放っている。共同便所といえば聞こえもいいが、ババタレ用のダルタゴなのだ。番町には七割が自宅に便所がないそうである。子どもも大人もそこここで用を足す。母親たちが溝掃除をして排水に気を配っているのだが、住宅と下水の整備をしないかぎり、人間の住める場所とはならない。「窓を開ければウンチがみえる…」嗚呼！
ベルジャエフの『真理とは何か』を読み返す。昼休みの一時間、公園のベンチにて第一章を読む。雨の日は喫茶店「サターン」にて読書すべし。労働者は学ばねばならない。

四月三日
工場の排気・換気の不備、休憩室の不備、寮の不備、賃金の問題などなど…。われわれの仕事場には組合はない。未組織労働者なのだ。ゴム産業にも個人加盟の単一労組があると聞く。労働者の解放！　これは何時どのようにして実現するのであろうか。

若くて元気のいい男たちが公園にきた。ぼくと同じく汚れた服の三人組である。かれらは黒く、ぼくは白く汚れている。汚れていることの美しさ！

陽のあたらないところで働いていると、たとえ一時間足らずでも陽にあたりたい。空気がうまい。足の裏に魚の目ができて、仕事が辛い。足も陽に当ててやる。

遊びと労働。遊びも労働もともにエネルギーの集中である。子どもたちが遊んでいるのをみていると、そこには集中があり、自由と創造と共同があることに気付いた。労働もこのような遊びでありたい。〔公園にて〕

四月四日

漸くにして「壬申《じんしん》戸籍」が廃止される。これは明治五年に作られた最初の全国的戸籍で、一九六八年の今日まで身分差別の呼称を残し続けて人権侵害を重ねてきたのであるが、それがやっと廃止されることになったのだ。しかし問題はこれからである。「壬申戸籍」が姿を消すことで済むことではない。部落差別の現実が、根本的に解決されないかぎりどうにもならない。筑豊の廃炭で生活を続けている旧友犬養君から「筑豊の歩み」を戴いた。友情のしるしである。独立者・自立者のことばは、心のおくまで響く。彼の表現には生活が感じられる。働くことが日常性の基礎となっている。この生活の持続のなかで、具体的な課題を発見して取り組んでいく。ここに、当たり前でありつつ、しかも根源的な生き様を知ることができる。

今日も定時で仕事が終わる。友だちは言う「毎日定時がつづくと、他にアルバイトをしないことには食えん」と。確かにそうだ。ほとんどの労働者は、残業とか夜勤で何とか食いつないでいるのだ。だが、時が金だ。時はゼニと同様にウンと高価なのだ。人間は一日に八時間働くのでも多すぎる。労働時間の短縮と賃金アップ！

与田さん来訪。楽しく語り合う。出合いの家でのはじめての来客である。問題意識を新しく呼び覚ましていただいた。ここ暫くはあまり外には出ないことにして、ひそかに、こっそりとやるんだ。それでいい。個別性が普遍性に通じているのだから。ここほれワンワン！　どんな宝物が掘り出されてくるのか。また合おう！

聖書一〇冊、加藤さんからいただく。気の利いた贈り物である。

今日は母の五七歳の誕生日で、はがきを書く。

四月五日

ロール場の今日の仕事は、モーターの故障で少しもはかどらない。働くものにとってそれがどんな理由であれ、仕事が出来ないことほど残念なものはない。あの残念そうな顔たち！　仕事をしないでいることを喜びそうだが、そうではない。適度な労働は人間の基本的なものなのだ。仕事量が多すぎると適度に休み、うまくサボる。適度な労働、生活の出来る賃金、これがぼくらの基本的な権利なのだ。日曜日、ロール場の友だちが会社にお金を出させて、有馬温泉のヘルスセンターへ花見に出かけることになった。日曜日の出合い〔礼拝〕は、土曜日の夜に繰上げ。こういうことも予想していたことだ。これもまたよし。

夜、番町支部書記長の西脇さんが、車友会の学習会の案内に来宅。出席を約束した。そのすぐ後に教会関係の友達が三人来宅。一〇時半迄長々と愚痴を聞いた。ぼくは愚痴やたんなる不満は聞きたくない。問題の只中での主体的な決心をこそ聞きたいのだ。自由に喜びに促された精神が息づいてこないかぎり、何事も新しいことは始まらないからだ。

おのずから無理なしに、行為的人間となる。

四月六日

昨日、キング牧師が暗殺された。仕事をおえて帰宅し、食事のときに相方から知らされた。食後に知らせるつもりだったらしいのだが、あまりに重大ニュースなので食事の前に、手に入る限りの夕刊をどっさりとテーブルの下から取り出し、そこにキング牧師暗殺のニュースがあった。限りなく厳粛なときであった。キング牧師は、このときのあることを自覚し、覚悟の上でこの道に身をささげていたのである。彼は「大きないのち」の中にいるのである。心を騒がせてはならない。「大きないのち」はすでに息づいているのだから。必ず彼の道を受け継ぐ人びとはいる。キング牧師は「美しい讃美歌を歌おう」という言葉を残して倒れた。

夜、前田君と一一時すぎまで語り合う。大企業の労働者の生活について聞いた。組合は御用組合となり、労働者としての連帯性は蝕まれている。労働はきつく、活動家は次々と配転される。その中で彼は自立した労働者をめざす。

昼休みに公園でヨハネ福音書八章二五～三〇を読んだ。「不可分・不可同・不可逆」「一如性」「召命と派遣はひとつである」。

新聞はキング牧師の死により非暴力的抵抗の精神は失せたという論調で満ちている。しかし彼の精神は深く受け継がれねばならない。ベルジャエフも言うように、こんにちは深い「精神の時代」なのだ。アメリカもその精神によって再建されなければならない。

明日は日曜日。「事実的同一性」の現場の友だちと宝塚で「主日の出合い」である。これはぼくが教会にかかわりを持ちはじめて最初の経験である。これまでの「牧師」の生活の中では決して味わえないことである。もちろんこんなことはキリスト者（「信徒」）にとって日常の経験であるのだが…。人の一日の経験は、真理の道の途上でのものだ。

四月八日

「主の祈り」第一祷「御名をあがめさせたまえ！」　他ならぬこの「わが身をもって」なのである。こうして働くもののひとりとしてあること、このことの中に、深い意味を受け止めること、そして自ら「御旨の地になるように」日々励むこと。

毎日仕事場でサイコロの賭け事がある。あちこち借金があるらしく、仕事場の奥にまで金を取り立てにくる。なんとも悲しいことだ。友だちは殆ど弁当を持ってこない。独身も多いのだが、家庭にも弁当をつくる余裕がないのだろう。同年輩の通称ダンプ君は、二日酔いで今日も休んでしまった。彼はひとりで酒場をハシゴするのが楽しみで…。

昨夜は祐村君宅で「北ベトナム」のテレビ番組を見た。人々の生活の様子を見て強い感銘をうけた。独立と解放をもとめて生きる彼らの暮らしは、ぼくの今の生活に大きな激励として伝わってくる。ぼくの留守のときに三人の青年たちがきてくれた。長時間待たせた上に、結局帰宅が遅く、出合うこともできず、済まないことをした。今日は初めて残業。八時半に帰宅。隣りの仕事場は、連日一〇時半ぐらいまで残業とか。帰りにロール場の独身寮をのぞいた。なんとも殺風景で、六畳部屋に四人。二段ベッドが四つ。これでは仕事のあと、外に出て遊ぶ以外にはない。

加茂兄弟団の延原さんから「聖書瞑想キャンプ」の案内を戴く。面白い試みであるが、ぼくは今外にでないで内に潜んでいることが大切なので、欠席の返事をした。内に潜まること、口を閉じること、自分の課題に専心集中すること、このことは友との本当の交流のためにも大事なことなのだ。

四月一一日

ベルジャエフの『真理とは何か』を再読完了。二週間近い時間を要した。寸時を惜しんで味読することの楽しさを知ることができた。昨日、滋賀県の施設で働いておられる方からお便りを戴いた。滋賀県にいたとき数回教会に見えて、かなりはっきりした問題意識をもっておられた方だった。われわれの歩みへの共感が記されていた。

四月一三日

「かくれんぼ」の楽しさ。仕事場の友だちはみな学歴などとは無関係である。ぼくも今そのひとりである。牧師性は「隠れて働き給う御方」の道具として息づいてくるところに生起するのだナ。ベルジャエフは言う「キリスト教は社会及び宇宙の変貌と復活の宗教である。この点は公認のキリスト教においては、殆ど忘れられている。ただ過去にのみすがり、過去の消え残った光によって生き長らえてきたキリスト教は、余命幾ばくもない。」〔『真理とは何か』一四九頁〕。今年のイースターはまた格別である。

四月一四日

パリサイ人たちも働くものであった。だが彼らは、制度的ユダヤ教の律法的権威に依存していた。こんにちのキリスト者もこのパリサイ的意識構造と無縁ではない。現代はこの意識構造の変革期なのだ。

四月一五日

労働は辛い。辛いというよりキツイ。適度の労働は気持ちがよいが、疲労がかさむと精神の活動は大きく鈍る。白粉（タルク・ジンステなど各種の配合）がまつげに積もり、キューピーのようになる。しかし、その奥にある瞳が澄んでおれば、ものはいつも発見されていく。ベルジャエフが「見ることによって救われる」といっていたのを想い起こすが、なぜか見る眼がぼくにもいくらか備えられてきているのか、不思議なことである。

昨日鈴木君の結婚祝の買い物のあと、シモーヌ・ヴェイユの『労働と人生についての省察』を購入。本を読むにも時がある。禁欲していた本を手にして「時が来た」ことを知る。昨夜は、番町支部の事務所で、「車友会」の仲間と一七日の神戸市交渉の打ち合わせの場に参加した。熱心に語り合われるサマに強く打たれた。神戸市交渉のために一日休めば一三〇〇円の日当と皆勤手当てとして一日分、合計二六〇〇円の減収となる。交渉に熱が入るのも当然である。

こころはからだのためにある
からだはこころのためにある
それでは
こころとからだは
なんのために？
労働しながらふとおもう

四月一六日

夢が宿った。じっくりと長文の「同和対策審議会答申」を読み、相方と語り合っていた。この町が新しくなる。人も社会も新しくなる。夢は実現する。人と地域は変貌を遂げる。変貌の芽吹きにマナコを見開いていなければならない。

仕事中にハカリが転落してむこうずねを打撲した。皮が剥けて痛む。しかし、その咄嗟の自分の動作に驚いた。このようなとき、人には身をひく力と身を投げ出す力がある。ハカリが転落するとき、身を引いて身を守るのが自然かもしれないが、自分の足を突き出してハカリを守るということも、人間の選択にはある。ハカリは無傷だった。

四月一七日

足が痛む。仕事に耐えられるだろうか。

四月二二日

構想力と実行力。生命躍動の生。

闇だ

日本の闇の中心がここにある

闇にしたのは誰か

光は闇に焦点を結ぶ

闇

闇

光が闇の中にひそまる

闇

光の到来

四月二三日

現実は闇である

現実は不幸である

幸福は罪であるとＩ氏は言う
幸福は現実に触れていないからだ

ヴェイユ氏は『工場日記』のなかで
その志向するところを
「現実の人生との接触である」と記す
現実の人生に接触しながら
不幸への直面の意欲のなかで
人の道をたどる

四月二四日
杖で全身を支え
後ずさりするように前に進む
病弱の母親をみた
近くに幼い女の子と男の子がいる
母親は公園の滑り台で遊ぶ幼子の姿に見ほれている
親と子の深い信頼がそこにはあった

そこにまた別の親子が公園に見えた
遊具に子どもが元気に飛び乗る
すると母親は「降りなさい！」と叫ぶやいなや叩くケル
慣れたもので子どもは泣かない
しかし　親と子の深い信頼はそこにはなかった
どうしてなんだ
これは

国鉄ストで張り紙列車がとおる。そうだ今日は沖縄の基地労連のストである。われわれのロール場もこの二月にストをしたそうだ。日給・残業手当・夜勤手当の増額をわずかに獲得したそうだ。エレベータがまた故障した。大きなゴムの原料を肩に担いで二階まで持ち上げる。人間の仕事でないようなことが余りにも多い。腰が痛む。重いラバーを運ぶのが辛い。口の中にまたデキモノができた。足の傷もまだ治らない。魚の目も痛い！　痛知！

四月二六日
公園で弁当を食べていたら、K中学の生徒が五人、学校の高い塀をのりこえ、路上に出て、どこかへすばやく消えていった。

四月二七日
心のどこかに、人の出来ないことを代わってしていると思っているとしたら、禍である。「成り代わりの論理」は有害である。突き動かす何かがある―超自然的詩・超越的自然。隠れて働く御方と共にある不思議。

四月二八日
延原さんは『BAMBINO』一四・一五号でイエスの行動を「対人性」「社会性」「一人性」の三極面としてトータルに理解する仕方をわかり易く解明している。とりわけ「一人性」の見極めがひかる。ベルジャエフでは「一者性」。夜、公民館で番町車友会が宇治川・生田川両地区の車友会と交流会を持つ。マイナスを背負うものたちのつながり。延原さんは「マイナスのヒューマニズム」を提唱していたが、この交流会はなかなか強力なものだ。読み書きの不自由なKさんの言葉「一日一字ずつ覚えたら、一年で三六五字覚えられる。」四〇歳近いゴッツイ感じの彼は、ぽつんとそういった。

四月二九日
ここでは、市役所の現業で働く人のほかは、労働組合のあるような会社で就職しているものは殆どいない。組合活動といえば失業対策事業の現場で働く人たちぐらいのものか。ぼくもまだ労働組合の経験はない。一番ヶ瀬康子さんの『年少労働者の実態と教会の任務』を再読する。この町の現実を映したようで厳粛な思いになる。中小企業労働者のライフ・サイクルを大企業労働者のそれと対比させ、前者は日雇労働者（失対労働者）↓生活保護世帯への系譜をたどり「今日の年少労働者は、社会の底辺を歩むべく運命付けられている人たちだ」と指摘されるとき、この問題の切実さを痛感させられた。今晩はしばらく眠れそうにない。

五月七日

雨のため喫茶「サターン」で昼休みを過ごす。

五月一〇日

無理をしてはならない。そもそも理が無いのはよくない。最近仕事が辛い。きつい。二〇キロほどのラバーを午前中ほとんど休みなしに運ぶ。重くてきつい。

朝起きたとき、手も足も痛む。彼にはゴム工員の仕事は続かないだろう、とある人からいわれた事を思い起こす。

しかし、この今のきつい労働の経験を深く経験すること、これがぼくの願いでもある。仕事のきつさに負けてもいいのだ。ただ、無理をしてはならない。ヘンな意地はいらない。

切実性が力である。一昨日の夜、「同和厚生資金利用者組合」の結成大会を公民館で開いた。元気のいいおばさんたちの組合だ。「車友会」の運動も大事なとりくみであるが、この組合づくりはもっと切実で、いのちがこもっている。

五月一一日

「共働き」「共に仕事をする」ことの幸い！

仕事がだんだんきつくなるが、それに応じて、体も強くなってゆく。よく出来たものである。

五月一四日

昨日、仁保時代の大先輩・三浦さんがお亡くなりになった。八六歳であった。同志社女子大を卒業後、つい数年前までずっと助産婦として働かれた。明日が告別式。弔電を打ち、梅村さんに便りを出す。

昨日は八時過ぎまで残業。前田君と一〇時半まで語り合う。軍需産業の中の労働者の苦悩切々。

残業の帰り道、星空を眺め満月を仰ぐ。ただ上を向くだけで疲れが消えてゆく経験をする。

昨日はまた、お世話になった友愛幼児園の先生たちから、心のこもった贈り物を戴いた。心の通じあうことのうれしさ。

長時間の労働も、楽しみが到来するとき、それを耐えることができる。重労働でも耐えられる。

徐々に
本当に徐々に
からだは鍛えられてゆく
重い物を　ぐっと持ち上げる
不思議なことだ

からだもこころも
鍛えられる
徐々に　徐々に
無理をせずに

五月一七日

昨夜与田氏来宅。大正三年の行政の取りまとめた「部落調査」を拝見。部落問題について語り合う。先日友だちが「番町出合いの家」の看板はあがっているのかと聞くから、これは「固有名詞ではなく普通名詞だ。看板をあげようと思えば、あちこちどこにでもあげまくらねばならない」と答えた。

五月一八日

四月末日でわたしたちの会社は倒産した。来週月曜日に給料を受け取り、二一日にはまた神戸職安へ仕事探しに行くことになる。

ことの成り行き次第では、経営者が交代するだけでこのまま継続できるかもしれないのだが、どうなるか。

今日も仕事は二時半に終わってしまい、仕事仲間はこれから麻雀である。ぼくは麻雀を知らない。

九州出身の村上君は仕事場の風呂場でぽつんとつぶやいた。「わしには楽しみが無い。」ダンプのあだ名のある彼は大男であるが、「ああ疲れた」という。とてもトテモ、やさしくいい男である。「ボロ」という別の愛称もある。いつも彼は「ボロを着てても、心は錦…」を口ずさむからである。

五月二〇日
去る一八・一九の両日、三浦さんのお墓参りに近江八幡の仁保教会へ。

雨の道を歩いて
三浦さんの墓前に
お花をささげた

真新しい木の十字架
歳を経て朽ちていく
「いいね」と妻は言う
辺りの雑草
細かい雨が
静かに濡らしている

日曜日、久しぶりに教会で説教を聴く。なぜか、いのちがこちらに伝わらない。なぜなのだろう。

五月二一日
昨日、給料一三日分を受け取る。倒産のため、今日は職安に行く予定でいたが、みなここで働くつもりのようである。いつでも辞する覚悟は持っているのであるが。

昨夜西脇さんが、「車友会」のことで来宅。ひとりも落伍せずに免許取得できるように、具体的な要求をまとめて神戸市交渉をするので、その準備に。

また昨夜教会の友だちが来宅。今の僕には「教会の話」を聞かされるのは、なぜか疲れる。「鳥飼氏の試みは、牧師がひとり減り、ゴム屋がひとり増えたに過ぎない」といっておられた方がいたとか。人の評価はどうでもよいことだ。大事なことは、それぞれに備えられた道を、喜んでずんずん進むこと、それだけでいいのだ。

ひとりであることに深い充実を発見すること。そこに、すべてのものに向かって開かれてくる、大切なものが潜んでいる。

黄色のタオルを
頭に巻いて
足袋と草履を履き
白粉のついた服のまま
昼飯を食う

五月二三日
午後、はじめて仕事を休み、「車友会」の一六名と一緒に、神戸市民生局福利課に出向き、対市交渉に参加。市側にはどうも誠意というものが少しも感じられない。

現実のパワーは、必ず彼らの硬いハートを変えていくに違いない。仕事を休めば、すぐに家計に響くが、なすべきことをすれば気持ちがいい。万事これでいかねばならない。

五月二五日
対市交渉の反省。市側の不誠実とこちらの交渉のやり方の問題。

交渉の場所もわざわざ市役所までいかずとも、地元の公民館で出来ないか。

「車友会」の夜の学習会は、一〇人単位程度に班分けして、継続していけばもっと有効ではないか。

シモーヌ・ヴェイユは「一日二時間は書くべきこと」を自分に課している。大事なことである。集中して考えて書くことが大事なのだ。

五月二六日
主日の出合い
随所が神の御座（黙示録七・一五、二二・三）
神の幕屋が人と共に
時間—四六時中　　空間—随所に

五月二七日

こころとからだが
ひとつになる
労働がよろこびであるとき
そこには疲れが無い

汗を流し
腹の上に
重いラバーを乗せる

こころとからだを
ひとつにして
生きてゆけ

「おのれを撃つものに頰を向け、満ち足りるまでに辱めを受けよ。主はとこしえにこのような人を捨てられないからである。」〔哀歌三・三〇・三一〕

聖書をどしどし読む。

時々立ち止まって瞑想する。

いま具体的に生きている友と語ること。

現実を深く把握すること。

現実にたいする嘆きと悲しみ。

「主よ、私は深い穴からみ名を呼びました。あなたはわが声を聞かれました！」〔哀歌三・五五～五六〕

五月二八日
「偉くなりたい者は云々」のイエスの言葉は、自分が偉いと思っているものにたいする痛語である。

五月三〇日
ロール場に浸水があり、一時間余り外の溝掃除。倒産後はゼネラルという会社がバックにつくらしい。さてうまくいくかどうか。

五月三一日
昨夕食後に、散歩がてら鈴木君を訪ねる。訪問を受けるばかりでなく、友を訪ねることもいいものだ。
（文集『解放』は、『週刊・友へ』の廃刊とともに公開は止める）

第五章　「週刊・友へ―番町出合いの家から」

第一節　「創刊に寄せて・裏現」

一九六九（昭和四四）年一月二二日付の「朝日新聞」の「ある抵抗」という連載記事の最終回（第一四回）に、「解放こそ真の宗教：《牧師の座》去り工員に」という、わたしたちを取り上げた大きな記事が、写真入りで掲載されました。しかしこの記事にはいくつもの事実誤認もあり、決して後味のよいものではありませんでした。ところが、新聞掲載の後すぐ同じ系列の東京12チャンネル報道部から、当時夕方七時半から三〇分のゴールデンタイムの人気番組に「ドキュメンタリー青春」というものがあって（関西では放映されていませんでしたが）、それの番組の取材の申し込みがありました。

わたしたちはこの申し入れを強く断りましたが、あの当時は部落問題の解決のための国の法的措置も確定していなかった時で、この企画にはすでに地元の解放運動関係者の積極的な協力と支持を得たという根回しもあって、結局これの取材に応えることになりました。漸く神戸でも、部落問題の解決の取り組みが本格化し始めるときでしたので、この番組では地域の人たちや仕事場の撮影なども行われ、一九六九年の二月二三日（私の二九回目の誕生日）に「ドキュメンタリー青春」は「やらなあかん！　未解放部落番町からの出発」というタイトルで放映されました。

そのとき、フォーク歌手の岡林信康さん（彼は同志社大学神学部の後輩で、わたしたちの最初の任地であった滋賀県近江八幡市内で彼の父親も牧師さんで親しくていました）が、この番組に協力出演し、当時ラジオなどでもリクエストの多かった彼の持ち歌「山谷ブルース」や「チューリップのアップリケ」などを、わたしたちのドキュメンタリーの中で歌っていただいたのでした。そして、番組の中でも歌われた彼の歌「友よ」をいただいて、一九六九年四月二七日に創刊した『週刊・友へ―番町出合いの家から』の誕生へと繋がれていきました。ここでは、その中からいくつかを取り出して、記録に留めて置くことにします。

創刊に寄せて・裏現（『週刊・友へ』一号、一九六九年四月二七日）

『週刊・友へ―番町出合いの家から』をつくることにした。番町での一年間の生活における禁止事項のひとつに「教会そのほかの諸団体からの話の依頼は一切断ること」というのがあった。この間、口を閉じ、目立つことなく、日ごとの労働の生活をより深く探求することに関心を集中させてきたつもりでいる。しかし、独立した歩みのなかから溢れ出た「言葉たち」は、ほかの独立した生活者たちへの交流を求めはじめ、昨年秋ごろから、ぼくは文集『解放』誌を、相方は『歌集』および文集『この道は遠けれど』をとおして、ごく限られた友だちとの言葉による友誼を持ちはじめた。

もちろんわれわれは、当初より孤立した歩みをしていたつもりはなく、なるべく古い関わりを絶ちつつ、独立者の新しい絆に連なりながら生活する喜びに生きていた。そしていまや、番町での二年目の生活がはじまり、上記の不定期な刊行物に加えて、さらに現在の思いを表現すべく、ここにウイークリーの印刷物を発刊することとなった次第である。どこの教会でも「週報」と呼ばれるモノが発行されているが、われわれのこれは大いにその趣を異にして「番町出合いの家」の生活綴り方のごときものとなるであろう。「未解放部落」番町での生活者たち、零細ゴム工場の労働者たち、番町出合いの家と実質的交流を持っているともだちたちなどの生活記録の断片を、限られた誌面のなかに盛り込みたいと思っている。

ところで、そもそも言葉というものは、作り出すものではあるけれども、根本的に問い直してみるならば、われわれのうちに宿り、生まれ出るものであって、その意味では「作る」というより「生まれる」「できる」という側面が強いように思うのだ。とにかく作らねばならないということで、感動も何も宿っていないのに、無理をしてキバったりすると、なんともエゲツないモノがオデマシになる。無理にでも作らざるを得ない場合、生命も感動も力もない寒々とした死語が羅列され、書く本人もそれを読むものも、空虚この上ないといった悲劇が起きる。(今ここで連想されるのは、私たちの礼拝説教のことなのだが…)

語るべきことがないときは、何も語るべきでなく、他人も語れと強制すべきでもない。こういう基本的自由が保障されるようでなければならないと思うのだ。本誌も週刊としているけれども、何もないときは休むか一部空白のまま発行するとか、そこは適当にやりたい。われわれが何事かを「表現」しようとする場合、やはり表に現すべき隠れたものが潜まっていることが前提になるのだから、われわれの関心の的は「隠れ潜まる裏」となるのである。われわれにとって、表現とは「裏を現す」「裏現」に他ならない。さてサテどんな言葉たちが現れることやら、楽しみなことである。

第二節　自分のこととしてつながる
（『週刊・友へ』第二号、一九六九年五月四日）

四月二六日夕刻、「福岡事件冤罪死刑囚再審運動托鉢団」の真言宗御室派常在寺住職古川泰龍師と天台宗国分寺住職中川霊翠師、右のお二人に共鳴して物心両面の援助を続けておられる神道大教若狭中教会長大関一郎師の三氏が、兵庫県山崎町在住の長田繁氏の引き合わせで「番町出合いの家」をおたずねいただいた。

古川師は、教戒師として福岡事件（敗戦後まもなく福岡市内でおきた強盗殺人事件で、事実は正当防衛および単純誤殺事件と考えられる）の西武雄・石井健治郎両死刑囚に出合い、この事件が占領軍の圧力で咎められたものであることを発見し、一〇年近くも「再審特例法案」の成立を訴え、全国を行脚しておられる。

古川師の大著『福岡・中国人ブローカー殺し殺人請負強盗殺人事件真相究明書―九千万人の中の孤独』には、「二名を誤殺した事件を誤審して、二名を死刑に処断するなら、さらに新たに二名を誤殺することになる。二名誤殺の事件を裁きながら、自らまた二名を誤殺するとしたら、これまた何と言う皮肉であり、悪循環であろうか。人間の悲劇ここにきわまると言っても過言ではあるまい。我々はこの悲劇から救われるため、あらゆる努力を惜しんではならないのである。」という、師ご自身の生きた言葉が記されている。「私もこの事件を手がけて以来、二人を殺すことは、同じ時代、同じ社会、同じ法律のなかに住むものとして、自分も殺すことになるというように感じております。およそ、殺人の中でもっとも残酷なのは公権によって犯罪とされて極刑を科されることであります」と述べられ、切実に自分のこととしてとらえられているのである。

長田繁氏は、原爆被爆者支援活動をはじめ地道な平和運動を展開しておられる方であるが、過日ぼくに、部落問題に関わるそのモチーフを尋ねられ、そのときぼくは部落問題を自分自身のこととして取り組まざるを得ない旨お答えしたところ、長田氏から深い共鳴の言葉が返ってきたのであった。われわれの生活は、常につねに自分のこととして展開されていくのである。そしておのおの独立した生活者たちは、人間としての課題をになうものたちとして、つながっていくのである。

古川師の長女・竹渕愛さんは父と一緒に染衣のワラジばきで托鉢行脚をしておいでだが、四月一一日付のアサヒグラフに、彼女の次のような言葉が載っている。

「再審運動に入ったのは、二人の死刑囚が可哀そうだったからです。でも今は—何といったらいいのかな、うまく言えないけどちがっています。二人の命を守ることが、私にとってベトナム反戦につながってゆき、それがエンタープライズの寄港反対につながってきた、ということです。」

こうして歩みつつ、われわれ自身が変えられ、新しくされていくのである。

第三節　断章「ナザレの大工・イエス」（『週刊・友へ』第四号〜第九号）

1

イエスの出身地は、当時周囲から蔑視され差別されていたガリラヤ地方のナザレというところであった（ヨハネ一：四六）。そして彼は「大工」を職業としていた。すなわちイエスは「ナザレ」で生れ「大工」として成人したのである。イエスの「公生涯」をより正しく把握するためには、「ナザレの大工なるイエス」を視座にすえることがきわめて重要なことと思われる。

ひとりの人間が、その時代のなかで思索し、公然と行動を起こしてゆくその背後には、それ相当の「探求の過程」がかならず潜まっているものである。イエスの場合も、人としての探求の生活が真摯にたどられ深められて、そこから「公生涯」の旅へと展開されていくのである。ここで新たに注目させられるのは、イエスの探究の道程は「はじめから」「現実から」の歩みであったということである。すなわち、イエスははじめから、虐げられたものの一人として歩まれたのである。それはその「公生涯」のなかに随所に現われているイエスの深い大衆性が示されていることでもわかることである。そこには、差別され抑圧された者たちとの「トモダチ関係」が当然のこととして起こっている。

ところで、なぜぼくが「ナザレの大工・イエス」に特別の関心を寄せるのかといえば、これはまったく私的なことではあるが「部落」の外で育ち、零細ゴム労働者でない「牧師」の職にあったものが「部落」に住む一労働者となること、つまり現実に直面して生きようとすることへの内的動機たらしめたモノは、ここでいう「ナザレの大工・イエス」の視座ではなかった、ということからくることである。

じつは昨年のくれごろから、ひとつの問題意識がぼくの内に芽吹きだしていたのだ。その頃のある日の日記に、次のようなメモをしていた。

「今まで無自覚であった方向性に気付きはじめた。〈自分を捨てる〉は〈有〉から〈無〉への方向性。これは持てる者の発想ではないか。本来の方向性は、〈真無から真無へ〉とでもいうべきか、〈信仰から信仰へ〉というべきか、ここの解明が大事なカギとなりそうだ。…」

あれから数カ月を経た今日もなお、同じようなことを思いながら生活をつづけている。「ナザレの大工・イエス」は、この「真無から真無へ」の道をはじめから一貫してたどられたのではないか、と気付きはじめているのである。

「ナザレの大工・イエス」は「貧しい人」であり、「最も小さい人」であり、「空腹の人」「渇いている人」であり、「他国の人」「裸の人」「病気の人」であった。けっして幸せ者の立場でモノを考え、行動したのではなく、不幸なもののひとりとして、はじめから生きた人である…ということに注目したいのである。ふつう「他者のための存在」としての（幸せモノから不幸なものへの）「愛の傾斜」モチーフがキリスト教の中心的指針であるかのようにみなされているけれども、はたしてそうなのであろうか？　そのような理解からは、愛というも慈善的身振りとなるばかりである。「ナザレの大工・イエス」は、自分自身が不幸なものの道に生まれ育ち、思索し行動されたのである。それゆえにこそ、そこにはマヤカシや慈善的イヤラシサはみつからないのだろう。ぼくは「イエスの仕事場（道）」に連れ戻されることを、つねに喜びとしなければならないのである。幸せものが不幸せなものの道を志向することは、その意味では自然なことであるとともに、健康なことなのである。

2

イエスをキリストと信じるとき、イエスは「ナザレの大工」なる人間イエスではなく、「神から遣わされた特別の人」として、信仰の対象にされていく。その場合、イエスは信者たちの「偶像」になる危険性が強い。そしてこのことはすでに、原始教団の信仰告白のなかにも現れている。すなわち「御子」「神の子」「主」などとして「イエスへの信仰」が告白されているのである。しかし、このような「イエスへの信仰」は「イエスの信仰」とどのように区別され関係づけられて把握されているのであろうか。ほんらい、キリスト教信仰は「イエスの信仰」を抜かしてとらえることはできない。

数年前『福音と世界』誌で、いまのキリスト教界を「キリスト教」と「ナザレン教」に二分して、「キリスト教徒」の立場から「ナザレン教徒」（と著者がみなしている人びと）を論難した一文があったが、逆にこんにちにおいては、新しい「イエスの信仰」とその行為・言動を、新しくとらえ直すなかから「キリスト教」そのものを把握する作業が大切になっているのである。さきの日本基督教団で作成された「今日における宣教の使信」（案）などは、この「ナザレの大工・イエス」の生（信仰）が不問のままに、旧来の「キリスト教」を強調しているだけのように思われる。

3

日蓮のことを思う。かれは自分自身のことを「海辺のセンダラの子なり」と広言したのであった。イエスの言動を捉えるために「ナザレの大工」を視座に置くことの重大さと相似て、日蓮の「センダラの子」の視座は、日蓮解釈に欠くことのできないものではなかろうか。「センダラ」とは、インドの被差別階層への蔑称であるが、日蓮は「安房国」の蔑視され差別されていたところを出身地としていたに違いない。いまのこととして言えば、日蓮はみずから「部落民だ」と公言したのである。もしもこれが真実だとすれば、日蓮は蔑視・差別されたもののひとりとして深く悲しみと苦しみを知る人であったに違いない。そしてそこから、現実の価値基準への激しい対決の歩みがはじまっていったのであろう。現今の日蓮解釈では、かれは「由緒正しき家」に生まれたが、みずからを謙遜して「センダラの子なり」と言われたのだとされているとかいう俗説が一般的であるとか…。「イエスへの信仰」（キリスト教信仰）は、このような日蓮解釈の誤りにも似た過ちを犯す危険性が大きいのである。

4

昨年のいまごろ、神戸新聞「若者の群像」特集で「差別の壁　痛烈に告発。真実のキリスト者求め、とびこんだ山谷と部落」という見出しで、フォーク歌手・岡林信康君のことが大きく一面をつかって報道されていて、強い感銘を受けたのであるが、その記事の一部を、少し長くなるが引用させてもらう。

「山谷のドヤ街に住み込んだ岡林君は、昼間は道路工事に出かけ、夜は日当千五百円から部屋代と食事を差し引いた六百円を持って山谷の男たちと飲んだ。彼らは金のあるだけ飲んで道路にぶっ倒れる。最初はなぜそうなるのか分からんかったが、そのうちに『山谷』『さんや』と白い目で見る世間へのむなしい抵抗なんだと分かってきた。東京のビルも山谷の男たちが造っているんや。なんでそんなにバカにせなあかんのやと、一緒になっておこっているうちに俺ははっと気づいた。キリストは人間みな同じと説いている。そうや、本当のキリスト者でありたいならオレは絶対にこの差別と戦っていかなあかん。オレは山谷のドヤ街の中で新しいキリストに出会った思いやった。…」

このような出合いは、ぼくにとっても同じように「ナザレの大工・イエス」との出合いとはなるのである。そして「出合い」は、ぼくたちの思考を新しく展開させる効力を持っているのである。

同じくいま「労働牧師」として働いてる鈴木慎梧さんは、最近あるところで、次のようなことばを語っていた。「自分はかつて労働者の友だちになってあげようと考えていた。今ではそうではない。自分が切実に友だちが欲しい。」

こうした指向性の転換は、イエスの仕事場（道）を見失い、道を踏み外してしまうぼくたちにとって、何にも代えがたい出来事なのである。

「ナザレの大工・イエス」は、はじめからわたしたちの友であり、解放の道を生きられる方である。けっして彼は、ぼくなんぞのように、一労働者となり「部落」に居住することによって、やっとこさっとこ、その道に連れ戻された人ではなく「はじめから」そういうお方で「ある」のだ。

5

このまえ、東京の「山谷」で生活をしている田頭さんが「出合いの家」においでになり、語り合っていたとき、彼の口から「キリスト教はわざわざの宗教だ」ということばが飛び出してきた。「なぜ、山谷まででかけて、そんなしんどい生活をするのか」と問われるとき、かれはそのような言い方をせざるを得ないとのことであった。そのときぼくは、キリスト教を「わざわざの宗教」として特徴づけることには反対であることを語ったのであるが、この点を少しみておきたいと思う。

悲しいことに、キリスト教を「わざわざの宗教」とみる見方は、今日通説ともなってしまっている。たとえば、イエスはもともと神であられたにもかかわらず、わざわざナザレの大工・イエスとなられたという信仰告白に始まって、イエスは「わざわざ」隣人のために愛の奉仕をされた…そしてそれに見習ってキリスト者も「わざわざ」出かけて愛の奉仕を…という論理はいたるところで耳にする。

「立場まで降りる」とは「部落伝道」とか「底辺伝道」とかのなかにも、大変イヤラシイ「わざわざの宗教としてのキリスト教」の名残りを感じてしまうのだ。こうした高慢が、どれほどキリスト教を「わざわざ」のものにダラクさせ、人びとを傷つけていることであろうか。「ナザレの大工・イエス」の道は、けっして「わざわざ」ではなく「もともと」の道であったのである。いま、聖書とキリスト教を根底的に問い直す試みがなされているが、ぼくたちもその道を一歩一歩歩み始めているようである。

6

一〇月二七日～二九日、兵庫教区の教師研修会が小豆島で持たれ、「再び〈教会の革新〉―教師論をめぐって」検討しようとする計画がすすんでいる。準備委員会からパネラーの役を引き受けて欲しいとの連絡があったが、三日間の休みは無理なことを伝えた。しかし、「教会の革新」の探求を、教会論や信徒論など幅広く、また深く教師自らが自分のこととして考え、「教師論」へと集中させて検討していくことは、それ相当の必然性があるように思えてならない。「ナザレの大工・イエス」の視座は、こんにちの制度的教会を根底的に新しくするものであり、牧師みずからを新しくするものである。

不可避的にそれは「説教者としての牧師」の座から「生活者としての人間」の座へと誘うものである。教会のなかで生きてきた牧師たちが、社会のなかで生きる人間となるのである。かれは、人に教えるために生きるのではなく、ひとりの人間として生きるために、ここにいるのである。「教会の革新」は、まず「牧師自身の革新」であらねばならない。いくたび「教会の革新」について論議しあえば、教会は「革新」するであろうか。ぼくには今、「教会を革新する」暇はないようである。

第四節　独立キリスト者の誕生を！

（『週刊・友へ』第一〇号、一九六九年六月二九日）

キリスト者とは、ほんらい「独立人間」のことである。内村鑑三も『聖書之研究』誌で「経済上の独立」について小論を掲げている。「経済上の独立は最上の独立ではない、其上に思想上の独立がある、信仰上の独立がある。我等は経済上の独立に達したればとて、敢えて安心すべきではない。然れども経済上の独立は、すべての独立の始めであって、其基礎である。」と。人間の思想・信仰の独立は必然的に経済の独立をともない、経済上の独立は、思想・信仰上の独立の基礎となるという事実は、われわれにとっても実験済みの真実であるといえよう。

そもそも「独立」の動因は、真理究明の過程での発見の喜びである。独立者は探究者のことである。彼らは孤立と少数を悲しまない。「道」を発見して、その「道」に連れ戻され、「独り立ち」して歩むことをこそ喜びとする。当然のことながら、独立者・自由人は不可避的に「抵抗人間」たらざるを得ない。しかし、ここでの「抵抗」の本来的意味は、真理発見の喜びの表明の結果であって、たんなる不満の反発や反抗ではない。事柄の中心は、何といっても「真理の究明と発見」である。「新しいぶどう酒」の味を知ることである。この味を知ったものは、もはや「旧い皮袋」のなかに留まることはできない。

今年、「沖縄デー」に「自立的キリスト者連合」（自キ連）が結成され、「万博キリスト教館反対闘争」

を展開している。知友の多い「自キ連」はキリスト者の「独立運動」のひとつだと思うのであるが、今後このメンバーたちが、いかなる「道」を発見し、それぞれの「生活」を展開していくか、そこが難問である。あまりに「旧い皮袋」に拘泥するあまり、かんじんの「新しいぶどう酒」を無駄にして「心中の道」を歩みはしないか、ということが気がかりである。

飼いならされた依存的奴隷が、独立キリスト者として誕生するとは不思議なことである。五月のはじめ、朝日新聞の「標的」欄で、「鉱」氏の「カナリヤの歌」が記されていた。結語の一部だけを引用する。「カナリヤが忘れた歌を思い出すのは、銀のカイなどもたされることではなくて、うしろの山に解放されることにあったのかもしれない。それともカナリヤは、うしろの山に捨てられて生きていけないほどに、『飼育』されつくしたのか。あわれなカナリヤ！」　だが、飼いならされた「カナリヤ」たちは、必ずや囲いのない自然の広場で、自由に飛び交い、歓喜の美声を回復するのである。カナリヤを、象牙の船に銀のカイで、美しい月夜の海に浮かべようなどと、的はずれな夢想にふける、オマエは誰だ！

第五節　岡林信康「流れ者」考

（『週刊・友へ』創刊号、一九六九年四月二七日）

フォーク歌手・岡林信康君は、未解放部落で生きる道ではわれわれの先輩である。今年になってから、急に出合う機会があり、かれの歩むフォークソングの世界に深い共鳴を覚えはじめている。昨日も、神戸フォークコンサートが海員会館で開かれ、そのあと合評会と称して、フォークの友だちと深夜、六甲山の森林植物園にのぼり、岡林君や高田渡さんなどを囲んで、朝まで語り合いました。

ところで、岡林君の最初のレコード「友よ」と「山谷ブルース」は、昨年のぼくの新しい「讃美歌」であったのだが、このたびの「流れ者」は「山谷ブルース」以上に、ぼくの「生活の歌」の感が深いのである。三月二五日、大阪の森之宮厚生文化会館での第一回のリサイタルに行ったおり、彼はこの歌が「何とタイハイした歌か！」と強い非難を受けたことを話していたけれども、ぼくはむしろ、この歌ほどに、飯場生活者の現実を直視した歌は、そうざらにはないと思うのだ。そこらそんじょに蔓延しているタイハイした現実逃避の歌とは、まったく異質のものである。ぼくは労働しながら、また自転車でのいきかえりに、この「流れ者」を歌うのであるが、この歌は「働く者の歌だ」「僕の歌だ」と思えてくるのだ。働くものを深く肯定した歌である。「オレは一生流れ者」を「オレは一生働きぞ」と歌い替えて見るとき、すぐにぼくに即したいまの「替え歌」が浮かんでくる。この歌には、岡林君自身の飯場生活の経験が息づいているのみならず、同じようなところで労働する生活者たちへの、またかれ自身のいまの歌でもあるように思えるのだ。メーデーが近い。われわれ日雇い労働者たちは、この日も働かねばならない。ぼくはいつものように、汗まみれになって労働しながら、「オレは一生雑役工…」と口ずさみ、メーデーを祝うとしよう！

第六節　おかばやしのぶやすさま―下痢を治そうよ
（『週刊・友へ』第二〇号、一九六九年九月二四日）

今日も闇の中で闘いの炎を燃やし続けるおかばやしのぶやすさん、連日、全国各地を駆け巡り、内からのうめきと叫びをぶっつけて、下痢も止まらぬほどの大活躍のようですね。早速ですが、前からお伝えせねばと思っていたことがありますので、ここにメモすることにいたします。それは、あなたの持論「歌ちゅうもんはババみたいなもんやねん」ということについてです。ぼくもこれまでの生活のなかで、岡林君の言うことはホントやなと思っています。言葉でも歌でも何でも、自分が食べたもののなかから出てくるわけで、へんに自分のものでもないのに無理して出そうとすると、とんでもないモノがお出ましになるんです。

ところが、あなたの持論がミゴトに的中して、あなたはこのところババもビッチュー（学術用語では下痢と申します）になっておられる由、一日も早く名医がその原因を突き止めて、いいフンが排セツされるようになればと、セツにセツにお祈りしています。以下、ヤブ医者のワタクシメが一言、申し上げましょう。

原因の第一は、やはり過労ですナ。働きすぎですヨ。全国を飛び回るのもよろしいが、あなたの持論、ババがビッチューになるまでなっては、自己矛盾もエエトコロです。あなたが今、一番大事にしていることは何デスカ？　自分のこれまでタレたババなる歌を、人に伝えることですか。全国各地のフォーク仲間、ファンたちは、確かにそれを切々と待ちわびています。ぼくも何度も何度もあなたの排セツ物を聴きたい、見たいひとりです。けれど、いまのような生活をつづけていては、ホントのいいババは出てこないと思います。

ぼくの最も大事にしたいことは、何と言っても食い、働き、眠ることです。自分の生活を大事にすることです。自分の生活のなかからしか言葉・うたは生まれません。やたらと作るものではないと思います。岡林君の持論のとおり、言葉もうたも、できてくるもんですナ。このような生活のダイナミズムを取り戻すということが、ビッチューを治す道だと思うんです。ボクはひそかに思いますのに、全国のフアンやフォーク仲間、同労者の方々には、全く非常識でバカバカしく、身勝手だと思われてしまいそうですが、あなたが勇気を出して、ひとりの無名の「働きぞ」に戻り、そこを基点・根拠地・アジトとして、長く自分の歌を生み出していく、といったことが是非必要なのではないでしょうか。人間にとって大事なことは、うたを歌うことや何かを書くことなどではなくて、どのように存在するか、生きるかという、もっと基本的なところがキチンとしていなければ、空回りするばかりで、結局バカを見るのは自分自身ということになるような気がしてならんのです。

はじめ、ぼくは「闇の中で闘いの炎を燃やし続けるおかばやしさん、連日全国各地を駆け巡り、内からのうめきと叫びをぶっつけて、下痢も止まらぬほどの大活躍のようですね。」と書き出した手紙だったのですが、ぼくの心の底ではどうも、あなたの下痢が更にひどくなって、働けなくなったらイイノニナー、とぶっそうなことを考えたりしています。イエスさんは、あんまり大勢の群衆がついてくるので、ときどき山に逃げていったらしいですが、自称「似非キリスト」のおかばやしさまも、せめてできる限り「ヤマ」に帰って、カイコダナの上なるスイミンの長時間記録をおつくりになるのが、マ、当座の処方箋と言うところでしょうか。

「おかばやし、またも蒸発！　すはいちだいじ！」と、群衆がオドロキ慌てているとき、当の「似非キリスト」はカイコダナの上で、命から二番目か三番目かに大切な、ギターと正露丸をシッカリ抱きかかえ、「友」なる南京虫やノミにかしづかれつつ、おやすみあそばされている…。なんともエエ図ですナ。あツ、こっちまでカユクなってきた！

マ、そんなことはともかく、下痢が早く治って、あなたの本来的な生活と歌が生まれてくるようにと祈り、思い巡らしつつ、ヤブ医者のとりあえずの問診カルテといたします。

一九六九年九月

似非キリスト　おかばやしのぶやすさま

追伸　九月一三日の「メッセージコンサート」に行くのを楽しみにしていたのですが、突然中止とのこと。あなたがホントに蒸発されたらしいとの情報にびっくりしています。ぼくのカルテが、あなたのお手元に届く以前に…コンサートの中止は、ぼくにとって、また多くのフアンにとっても、大きな損失です。デモ、このカナシミを乗り越えて、あえてぼくはもう一度言います。「おかばやし君、下痢を治そうよ！」

（補記　手元に当時の音楽雑誌、Myojo『GUTS』が残っています。これには、岡林君が「鳥飼さん　ゲリを治しに旅に出ます」という「手紙」を書いて「蒸発」した、その「手紙」の全文が載りました。書置きされていた「手紙」は、原稿用紙に書かれたもので、「楽しみにしてくださった、九月一三日のメッセージコンサートを、すっぽかしてもうしわけおまへん。でも、いつになるのか自分でもわかりませんが、ぼくの歌を聞いてもらえる日まで、つろうおますが、サヨウナラ！　いっしょうけんめい考えて、ゲリを治してきます。親方キリストはん、やりまっせえ！　サイナラ」）

第七節　廃刊に寄せて（『週刊・友へ』廃刊号、一九六九年一〇月五日）

口を開くに時があり、口をとずるに時がある。四月末から出しはじめた『週刊・友へ』を廃刊することにした。精神の腐食を覚えるからだ。出直しである。恐ろしいものだ。人としてあたりまえの生活をしているのに、特別に見られるとその特別性を否定しつつも、特別視する異常性を看破無視貫き得ない古いわたしが頭をもたげてくる。このままこれを野放図にしておくと、ぼくはいっそう駄目な人間になってしまう。ぼくはそれが恐ろしい。もっと本来的な目立たぬ生活を回復させたい。こんなときこそ、無名性と匿名性を意欲せねばならないのである。

「中国に木を植える会」の畠田真一さんの私信にある「めいめいが黙って何事かをなすのが真のあり方だ」という言葉に共鳴を覚え、岡林さんの「下痢を治しに旅に出ます」との返信に励まされつつ、ぼくも、もう一度、初心に返る決意をした次第である。

ひとつの
試行錯誤の
終焉
　我汝を断罪す

付記1　今回資料整理を進めていましたら、岡林君からの手紙が出てきました。彼は「蒸発」のあと、本章第二節で取り上げている熊本の古川泰龍師のところに滞在していたことなどが記されていました。古川師からは、そのことは連絡を頂いていたことでしたが、ひとつの歴史的な記録として、ここにその一部を、取り出して置きます。

「鳥飼さん、とうとうやってしまいました。…多くの人々に、大変な迷惑をかけているわけですが…毎月二〇日以上、列車に揺られ…最近五キロ近くもやせてしまったし、思考能力も低下してしまいました。このままでは、人間的に何の成長もないピエロになってしまいます。古川さん宅で一週間程お世話になって、色々語り合いました。大変参考になったと思います。特に古川さんが、カッコイイ説教をするというのでスターになりかけた時、全てを捨ててもう一度求道生活に帰り、現在の運動を始めた事を聞き、僕も勇気が出てきました。六〇年か七〇年しか生きられないのだから、自分自身が少しでも納得できる様に生きなければ何もならないと思います。生きることは求道し続けることだし、自己否定し続けることだと思います。僕にも再び自己破壊の季節がやって来ました。不安の中にも何とも言えない緊張を覚えます。当分どこかで消えているつもりですが、また手紙を出します。鳥飼さんもお身体を大切にますます素敵なウンコをし続けてください。…サヨウナラ」

付記2　もうひとつ大事なものがありました。岡林君が、あの超多忙のなかを「番町出合いの家」にはじめて訪ねてきた折に、一枚の色紙につぎのことばを記してくれています。「69・8・26　出合いの家へ　わたしを断罪せよ！　歴史はわたしに　無罪を宣告するだろう！　―カストロ―　おかばやし　のぶやす」。これは我が家のお宝の一つです。

第六章　モグラ暮らしの中からの小さな発言

一九六八年四月から始めることになった私たちの小さな実験は、時代の大きな流れに呼応したものであったのでしょうか、わたしの所属する日本キリスト教団の機関紙である『教団新報』では「現代の辺境と教会」という連載において「被差別部落と番町出合いの家」（四回分）を、同じく同教団の機関誌『働く人』へのコラムなどへの寄稿を求められることになりました。

第一節　被差別部落と「番町出合いの家」

1．教会を背にして新しい旅立ち

―「インマヌエルの原事実」に即応すること（一九七三年一二月）―

大変素敵な環境に恵まれた「番町」という地域が東京にあって、そこには「番町教会」があるという。ところが、わたしたち神戸の「番町」は、東京の「番町」とはまったく対照的に、都市のど真ん中にあっても、「現代の辺境」と目されるのである。もともと神戸の「番町」は、徳川期には「糸木村」、明治期には「西野村」と呼んでいた。明治四〇年、東京の「番町」にならって地名を変更したのである（地名の変更によって差別がなくなるのであれば、今ごろ東京の「番町」のごとくに変貌していたはずであった）。それからでも七〇年近い間におなじ区域のなかに、人口は約四倍（一万余）に膨れ上がり、日本一の被差別部落が形成されてしまったのである。

わたしたち住民の解放運動の取り組みのなかで「これだな」と掘り当てられた「宝物」の一端をここに記してみたい。端的にそれは「イエス・キリストの福音」というそれだけで十分すぎるほど十分なのだが、それは、一九六八年三月末、これまでの「教会」での生活から決別させ、いまの生活を日々うながす当のものであるからには、まずもう少しそのことを記しておかねばならない。もっとも、わたしの志向性や動機といったことはまったく固執しなくともよいことなのだ。それに引き換え、わたしを真にわたしたらしめる発動力そのものが、不断に胎動していることは、わたしがなんと言おうと否定できない事実である。この確実な事実のわたしに於ける成立、すなわち「神とともにある」インマヌエルの原事実・神人の原関係の成立とその基本構造（不可分・不可同・不可逆の関係・順序）は、わたしなどの生まれる前にすでに、知る人ぞ知る哲学者・瀧澤克巳氏によって、明断判明にされていたのである。

学生のころ、名著『カール・バルト研究』を古本屋で見つけ、キリスト教信仰の基本的な事柄に関する疑問と誤解が一掃されたのは、わたしにとってほとんど決定的な出来事であった。それ以後、瀧澤氏の論考を数多く読むことになるのだが、同じくわたしにとって信仰の知恵と力を教えられたのは、同志社の二年先輩で同じ兵庫教区の友人である加茂兄弟団の延原時行さんである。

彼は一九六四年春から、兄弟団の新たな歩みをはじめ、人の心臓を止めんばかりのパンチの効いた思索を『雄鹿』《一～九巻》・『月刊ＢＡＭＢＩＮＯ』などで発表しつづけてきた。実際は一九六六年、わたしたちが神戸で生活をはじめてからの交流であるが、この二人の探求者に恵まれ「インマヌエルの世界」に目が開かれてくるのである。

ところで、まったく思いも及ばなかったことであるが、信仰の世界が明晰判明になればなるほど、既成の「教会の牧師」として踏みとどまることができなくなってくる。「教会」においては精神の枯渇をきたし、「信従《しんじゅう》」（ERGEBUNG）の喜びに自ら生きることができなくなったからである。「自ら信じ生きる」ことを抜かした説教と牧会ほど恐ろしいことはない。一時の「教会」への不忠が、神への忠誠に通ずることはあることなのだ。こうして一九六八年春からわたしたちの「番町出合いの家」の歩みがはじまったのである。

たしかに馬鹿にできないのは、信仰の知恵と力である。回りくどくはあったけれども「出家の出家」をして、新しく旅立つことの的はずれでないことを、いっそう確信させられた。それは、人の心配するほど悲愴なものでも、特別の決意のいるものでもない。いたって自然で無理はない。ただ「委ねと信頼」だけで十分の世界である。的はずれの心配こそ、サタンのなせるわざである。

「バンパク」の貴重な経験をへたこんにちでさえ、根本的な省察と変革のないまま、「教会」の体制固めに過度の熱がこもったり、キリスト教が抱えている問題を指摘するあまり、信仰の知恵と力を見失うようなことがあってはならない。信仰のとらえそこねは、われしらず墓穴を掘ることになるからである。いのちは大事にしなければならない。

2. 牧師の独立こそ教会革新の前提

―信仰的独立と経済的独立を探ねる（一九七三年一二月）―

先に、わたしたちの歩みは、こんにちの教会の問題性にたいして単に反発し抵抗することを主たる目的とするものでなく、もっぱらキリスト教信仰をうながす発動力そのものに即応するものであったことを述べた。ところで、当然のことではあるが人間が精神的信仰的に自立をすれば、必然的に経済的生活的に独立・自立の道をえらぶ。それはすべてのキリスト者が経済的独立とともに精神的信仰的独立を願うことと同じである。

新しい歩みをはじめて間もないころ、百歳に近い「青年牧師」辻本四郎師（神戸イエス団教会名誉牧師）から、内村鑑三の『聖書之研究』をドッサリ譲り受け、労働のあいまに読みふけったものである。以下、独立者・内村鑑三のことばである。

「経済上の独立は最上の独立ではない。其上に思想上の独立がある、信仰上の独立がある。我々は経済上の独立に達したればとて、敢て安心すべきでない。然れども経済上の独立はすべての独立の始めであって、其基礎である。先づ経済的に独立ならずして、思想的にも信仰的にも真正の意味においての独立に達することは出来ない。経済は肉に関する事であるが、然し霊に及ぼす其感化は甚だ強大である。人が肉である間は彼は経済的に自由ならずして、其の他の事において自由なることは出来ない。」（「経済上の独立」一九一四

年一月）

教会には古くから、牧師の労働は説教と牧会であって、それ以外の労働は「アルバイト」とか「副業」と見る考えがある。わたしたちもそう思い込んできたがこの考えこそ検討を要する事柄である。これまで自分の経済的信仰的独立を不問に付したまま、「牧師中心から信徒中心へ」とか、「説教の輪番制の試み」とか「万人祭司」とか「体質改善」とかのおしゃべりを続けてきた。真に教会が革新されるためには、まず牧師の精神的・経済的独立が必要であろう。いかに苦しく貧しくとも、自らの生活は〔信徒の献金でなく〕自らの労働で立てるべきなのだ。「独立自給」は、「教会」の目指すことであるばかりでなく「牧師」の目指すことである。これこそ「教会」革新の前提でなければならない。

牧師は「ツブシがきかぬ」などと言う人がいる。そんなバカなことがあろうはずがない。「福音のためならどんなことでもする」用意さえあればかならず生計はたつ。ここで働きはじめる二年まえ、兵庫教区の牧師有志が、尼崎教会の教育会館をドヤ（宿）にして「牧師労働ゼミナール」を試みた。一週間の合宿労働、題して「私は働きます」。わたしにとってこれは、よいウォーミング・アップであった。好評であったためか、第二回目は大阪教区の有志も加わり、題して「ついて来たいと思うなら―修行・卑下・社会性」としてとりくまれた。この連続二回の愉快なゼミナールは、わたしたちにとって未来を先取りした大きな経験であった。

「あんたはペンを持つのが関の山、働くなんて止めなさい」「青白いヤサ男が、男のなかの男のヤル仕事に耐えられるものか！」。たしかに急激にきつい労働をはじめることはからだに悪い。無理をしないで徐々に慣らしていかねばならない。わたしのような未熟練労働者は、最初雑役見習から出発する。これは何にも替えがたい経験である。無理なく自然に働く者としての生活を知り、日本の構造全体を新たに見届けることができる。

そっと読書を禁じていたシモーヌ・ヴェイユの『労働と人生についての省察』も解禁となった。「深い精神的なよろこびと肉体的な苦痛とを、同時にわたしの中に起こす。これは非常に不思議な感じである。」（「工場日記」）。もちろん、汗を流すことが唯一の労働ではない。ものを考え・話し・書くことをとおして、事柄をより闡明《せんめい》にする労働の世界がある。むしろこの世界があるがゆえに、わたしたちは汗を流して働き、頭脳を働かせて、ともに労働に励むことができるのである。こうしてひとたび独立の歩みをはじめるとき、思いがけない独立者たちとの交流が生まれる。以下、ふたたび内村の言葉—。

「独立と孤立とは違う。独立は神と偕に独り立つ事であって、孤立とは何者とも共に立つ能わざる事である。神と偕に立ちて、人は独りでも立ち得ると同時に、大抵の場合には他と共に立つ。」

3. 住民運動としての幅広い解放運動
—真剣にそして自由な批判的作業を（一九七三年一二月）—

ここで部落解放運動とのかかわりについて触れておこう。あらためて記すまでもなく、部落解放運動は、いわゆる政治運動と不可分の関係にあるが、もともとこれは、被差別部落住民自身の「住民運動」としての性格が強い。この運動の成果として、ここ数年来、行政も企業も市民も、ホンのちょっぴりであっても、部落解放にむけて責任の自覚が深まりつつあることは事実であろう。わたしたちも、被差別部落で生活をはじめたときから、住民のひとりとしてこの運動に参加してきたのであるが、この間のささやかな経験のなかから、解放運動の現状もふくめて簡単に記しておくことにしたい。

その第一は、部落解放の主たる責任は、国および地方自治体の行政にあるという認識が定着してきたこんにち、これまでの部落解放行政の立ち遅れを早期に回復すべく、環境整備や社会保障、教育・人権の保障など、総合的計画的な施策が進められているのである。その場合、とくにわたしたちが注意していることは、部落解放行政を、かつての慈善的な社会事業の延長のような融和的な特殊行政に陥らせることなく、行政全体のなかに正しく位置付けさせ、すべての住民の切実な要求と生活実態にそくした責任ある行政が進められなければならないという点である。

第二のことは、部落差別というものは、それ自体として「社会外」に置かれているというのではなく、こんにちにおいても社会的経済的構造全体のなかに根深く組み込まれ、つねに分裂支配の具に供され、構造そのものを低位なままに押し留める役割を担わされているのである。この差別構造を正確にとらえ、部落解放の視点を正しく自らのものにすることは、変革作業の諸活動を進める上でも、必要条件のひとつであるということができる。わたしたちは、分裂支配の具に供されたこの問題を、逆に結合の絆に転じさせる知恵を獲得しなければならない。

そして第三は、わたしたち自身の人間性に関する根源的把握の課題である。本来、人間同士が差別したり差別されたりしてよい理由は、どこを探してもありはしない。しかし、この当たり前のことが、当たり前のこととして受け止められていないのが実情である。社会的な人間の恣意に乗っかって、人間が人間を冒瀆しつづけているのである。したがって、部落差別は社会的経済的構造上の問題であると同時に、人間性のとらえそこねの問題であるといわねばならない。

ところで、部落解放の基点となったあの「水平社宣言」に示された「人間性の原理に覚醒」した人びとの叫びは、今もわたしたちの心を打つものである。

「陋劣なる階級政策の犠牲者であり」「ケモノの皮剥ぐ報酬として、生々しき人間の皮を剥ぎ取られ、ケモノの心臓を裂く代價として、暖かい人間の心臓を引き裂かれ、そこへくだらない嘲笑の唾まで吐きかけられた」者こそが、「自由・平等の渇仰者であり」「人の世の冷たさが、何んなに冷たいか、人間を勦わる事が何であるかをよく知って」おり、「心から人生と熱と光を願求礼賛するもの」であった。(括弧は「全国水平社宣言」)

ここには差別と貧困と苦悩のなかに立ちながら、これを宿命的あきらめに落ち込むことも、怨念の力に自滅することもなく、直ちに人間として立つことのできる脚下の原事実への息づきの一端が感じられる。「部落解放」「人間解放」というこの「解放」という言葉は、わたしたちが久しく忘れ去っていた「人間の基本語」であった。そして、キリスト者の眼でとらえる人間性の根源的把握とその生き方の探求は、わたしたちの予期している以上に、部落解放運動にたいしても重大な貢献をするであろうことは確実であると思うのである。

周知のとおり、部落解放運動は、こんにちも試行錯誤のなかにあって、つねに党派性を超えて統一的な歩みをつづけようと、苦しい闘いが進められている。運動の内外において、自由で真剣な批判的作業がとくに求められているのである。部落問題は、以前からタブー視する傾向が強いだけに、この問題にかかわるとき、安易に「運動」との無条件の同一化に落ち込む危険がある。ここでも「間《ま》の感覚」が回復されなければならない。

4.「積極的解散」の過程を経ること
―教団成立の問題に立ち信仰の根本的再評価を！（一九七五年一月）―

以上三回にわたり「教会」を背にした歩みとその「独立」のかたち、並びに部落解放運動とのかかわりの問題にふれておいた。最後にここでは手短かに教団、教区の問題とも関連させてメモしておこうと思う。

はじめに、個人的なことであるが、新しく労働を始めて六年目、一人前の職人になったところで、腰部捻挫〔労災〕を起こし、肉体労働が困難となる。数カ月の養生のあとようやく回復し、この夏、これまでのゴム工場のロール工から、地域における社会教育の仕事に転じて、現在に至っている。そして、相も変わらず、モゾモゾと生活をつづけているのである。何ほどのことをしていると言うのでもなく、取り立てて記すことのないことが、わたしたちの唯一のとりえだと言えるかもしれない。あえて顔にも似つかぬホラを吹くとすれば、教会を背にする旅立ちは易しいけれど、これを継続することは、予想するほどそう安易なことではオマヘン、とだけは言っておいてよいのではないだろうか。しかし、人として当たり前のことを当たり前のこととして、「自然」な道を生きているのだと知るとき、わたしたちの心の芯は、「大満足」を覚えさせられるのである。そして、もはやこの「世界」の外に〔肉鍋を食べに〕出ようとは思わないのである。

ところで、これまで「教会」を背にして歩みつづけている間に、「教区」も「教団」も、得体の知れない魔力（?）に突き動かされて、いよいよ大変なデッドロックに乗り上げているようである。たとえ表面的に教会政治的妥協が成立して、何事もなかったかのように「教団」が「正常化」されようとも、問題が問題とされないままに通り過ごされるならば、いっそう見分けがたい虚飾のなかで、墓穴を掘りつづけることになるに違いない。このようなときは、「相も変わらずモゾモゾと」、無駄に思えることに余計な消耗をすることなく、これだと掘り当てたところに従って、歩みつづけることに限るのである。これはいかにも無責任な言い草ではあろう。が、わたしたちは「教会」「教区」「教団」を背にするかたちで、問題性を自らのコトとして負っていく道を選んでいる、とすればどうであろう。「原事実」への即応が、このような形を取ることなど、どれだけの人が了解しているのだろうか。

さらにこのことを別の表現で積極的に提示するとすれば、「教会」「教区」「教団」は、いずれも「積極的に解散」をして、それぞれ独立した歩みをはじめることが求められている、ということができると思う。それは「牧師」も「信徒」も、それぞれの「個性」〔瀧澤のいう〈客観的主体〉としての〕を発揮するばかりでなく、現在露呈されている「日本基督教団」の成立の問題性―の真の解決にむけても、「積極的解散」〔独立〕という過程は、どうしても通らなければならないのではないか、と思うからである。しかし、実情は奇妙な分裂・解体現象が起こるにしても、ここでいう積極的な解散〔独立〕現象は、「教団」というレベルでは起こらないであろう。当然それは、各個教会において、信仰の根本的な捉えなおしが、個的に湧出するものであるほかないのである。

したがって、この信仰の根本的な捉えなおしの仕事こそ、徹底させなければならないのである。神学の課題である「イエス・キリストの問題」の探求は、尽きることのない関心事として進められ、瀧澤、延原、田川などの独創的な探求者たちに学びながら、なまけずあせらず、日々に新たに歩みをはじめることになるのである。わたしたちは、「教団」や「教区」あるいは「教会」の「出店」とか「出張所」としてあるのではない。それぞれ、ただ端的に、自立と独立への促しに応え、直面する課題に取り組む。最後に、ふたたび内村鑑三のことばを引用して結びとしたい。

「独立すれば孤立するとは徹底的に独立を試みたことのない者の曰う申分である。〔中略〕独立人は独立を愛す、そして独立人が結合した時に最も鞏固なる団体が実現する。勿論結合する為の独立でない。独り立つも可なりと決心する独立である、そして人生の逆説が此所にも亦現れて、団結を要求せざる所に最も鞏固なる団体が成るのである。」（「教会問題・其2」一九三〇年四月）。

第二節　『働く人』への小品（日本基督教団出版局発行）

1．うそのいきどまりの次に来るあんたへ

―一九七〇年　ルン・プロの弁（一九七〇年一月一日号）―

偽りの化粧をひんむけ

今年こそ本当に　うんと働くぞ　そして　ああして　こうもする
うそのいきどまりの大晦日　なった　なった　大晦日が
正月になって　またおめでたく　ブラブラ

（高田渡「ブラブラ節」）

ボクは零細ゴム工場のロール場で働く労働者だ。その名は「常傭」別名「雑役」、十数名の仲間の一番下っ端だ。下っ端は給料（日給）も最低だが、こき使われる量と質も最低だ。正直言って、毎日の「労役」はこの上なくキツクつらい。重いラバーをあっちへこっちへ運搬し、そのたびに腰の骨がギクシャク鳴る。モウモウと舞い上がる白粉が、数十枚重ねたガーゼのマスクを通して、鼻の奥に粘りつく。髪もまつげも真っ白ケ、まだ三〇前というのに初老のキューピー？のようだ。とても、人間サマの働く場所ではないと自認している。

でも、やはりボクは人間サマであるから、時々、空を仰ぐ。ボクの仰ぐ空は、穴倉のような工場の鉄格子からのぞく小さな四角な空である。切り取られた空。ちょっとした喜び・安心がそこにはある。だが、その空は何と狭く限定された空なのだろう。まるであんたのように。ボクらは何とあんたから追放されていることだろう。あんたは、何とボクたちを寄せ付けないほどに、武装しきって、威しくあるだろう。ボクらは、この切り取られた空を見るようにしか、あんたを見ることができない。政治の貧困とか腐食の重圧に押しひしがれた職場の真っ只中にありながら、ボクらは政治から遠い存在なのだ。そしてこの矛盾のなかに、いよいよボクらを押し込めるためであるかのように、あんたはやってくる。安保堅持、万博、沖縄返還交渉という偽りの粉飾で白く塗りこめられたあんた。うそをうそで上塗りして、どうやら生き繋いできた一九六〇年代の、その「うそのいきどまり」の次の主役として登場してくるあんた。ホンマの主人公であるボクらを「デコボコ道」へと「追放」しにやってくるあんた。

だが、ボクらは、あんたの分厚いおしろいの下の正体が何であるかを、チャンと見抜いている。ムチャクチャに働かされた挙句、焼酎で気を紛らわせることしかできないときも、ラーメンいっぱいで、あとまた三時間も残業させられると言うときですらも、家に帰って、ヤレヤレと、カアちゃんに御輿を揉んでもらうときにだって、ボクらは、けっして、あんたへのウラミ・ツラミを忘れはしない。ボクらには、デモや集会に行く時間が、金が、どうしても取れないときがある。一日休めば、たちどころに生活に響く日雇い労働者だからだ。組合はあるでなし、健康保険も失業保険もなく、倒産で仕事からあぶれれば、張り紙便りに町工場を転々とするボクら。祝日なんぞもセッセと働き、正月休みも無給の悲しさ、オチオチ休んでもいられない。ボーナスとても「小遣い銭」の涙金。ルンペン・プロレタリアートとはよく言ったものだ。そして、このルン・プロのボクらを疎外しているのはあんただけではない。

「うそのいきどまり」の年、つまり一九六九年の一〇・二一デモの夕、ボクは晩メシもそこそこに市内の統一デモ集合地へ向かった。揺れる旗、ハタ、旗…。だが、ボクはたしかボクが属しているハズの「〇〇労組」(個人加盟)のハタをどういうわけかついに見つけ出すことができなかった。仕方なく※※労組のハタのあとについて歩いた。ボクのようなルン・プロは、こういうところに来る余地はないのではないか…という気後れのようなモノを胸の奥深くに感じながら…。未組織労働者―ルン・プロは、七〇年と対決する仲間たち（組織労働者）からさえ、すっかり置いてきぼりにされているのではあるまいか？　そんな不安がいっそう強まるばかりなのだ。

だが、しかし、ボクらルン・プロは、人の同情や仮面をかぶった愛などに依存せず、ボクら自らの力を持って、人間サマの失地を回復させねばならないのだ。ウラミ・ツラミをハラのなかで知ると言う点においては、誰にだってヒケをとらない。だからこそ、あんたの偽りの化粧をひん剥くことだってできるのだ。「今年こそは本当に、ウーンともうけるぞ」と機動隊から自衛隊まで引き連れて、ブラブラとお出ましになる一九七〇年サマ、ほんまにおめでとうさん！

第三節　『働く人』コラム「石の叫び」

a　「力点」（一九七〇年七月一日）

近年、次々といわゆる「労働牧師」が生れている。従来、牧師の労働の場はもっぱら教会に限定され、ほかの労働は「アルバイト」とみなされていた。だが、こんにちでは逆に、牧師はおのおの固有の労働の場を自ら選び取り「労働者となる」方向が目指されている。

そこには、教会の革新は牧師自らが変革の作業を行わぬかぎり、結局何事も起こらない、という認識がある。いくども、教える立場から口でいってみるものの、自らの足でその道に生きていないことほど身にこたえることはない。いくら形式的に牧師となりキリスト者となったとしても、その呼称にふさわしい内容を伴わないものは、つねに無意味である。

ぼくもこの新しい道に旅立って二年余りになる。当初「ペンより重いものを持てないだろう」とか「牧師がひとり減って労働者がひとり増えたに過ぎない」とイヤミを言われたりしたものだが、徐々に身体も丈夫になり、強靭な精神とはいえぬまでも、激しい肉体労働に耐えうるだけの精神力も身についてきたように思える。実に不思議なことである。ぼくは毎日の労働の繰り返しのなかで、ぼくがぼく自身になることを志向する。そこでは、ぼくの同僚たち（はじめから労働者である人たち）が、ぼく（労働者になる牧師）の「教師」なのだ。

この発見は、ぼくにとって何物にも替えがたい喜びである。「学歴」とか「牧師」とかの形式的な肩書きが有用なのではなくて、どれだけ働く者の現実を自らのこととして担って生きるかという「中身」にこそ「力点」が置かれねばならない。教会に「牧師・教師」がいなくなり、自ら働いていきはじめる牧師が次々と起こってくるとき（ぼくは思うのだが）教会は必ず変革される。

「無くてはならぬものは多くはない」（ルカ一〇・四二）

b　裸一貫（一九七九年一〇月一日）

世間（教会）一般には、パンのために働くことは精神的事柄に劣るという考えがあるようだ。ゆえに信仰や精神の問題に携わる牧師先生は尊敬され、一介の労働者は軽んじられる、というのが世間（教会）人の常識である。

ところで、わたしが人の前で「説教」したり「先生」と呼ばれたりすることの異常さを深く認識するようになったのは、制度的教会の牧師を脱して、一介の労働者になってからである。一介の労働者になるとは、すなわち、世間的な地位も名誉ある肩書も誇るべき学歴もなく、ただ身一つ、裸一貫で生きていくことに他ならない。また、それは、一日一時間なにがしかの賃金と引き換えに労働力（生命）を資本家に売り渡すことによってしか生きる手段がないということであり、職業選択の自由もごく狭く限られているということなのである。「牧師であった」とき、わたしは病気で寝込もうとも最低の生活は保障されていた。ところが、一介の労働者である現在のわたしは、一日休めばたちどころに生活（食べること）に支障をきたす。ケガか病気で入院ということになれば「生保受給」は間違いない。しかし、この労働者の道が、わたしの人間としてのあたりまえの生き方になると、どうしてもすべての物事を生活の場所そのものから具体的に、裏側から見るという、価値観の転倒が起こってくるのは当然であろう。私の周囲で、わたしが労働者になる何十年も前から、労働者とその家族の人権と自由を獲得するための闘いが始まっており、現に闘いとられつつある。わたしが一介の労働者でなく、「ぼく」という身分を固執していたら、到底不可能であったろう。その闘いのなかに、わたしは何の無理もなく、ひとりの仲間として迎え入れられている…。

「狭い門からはいれ」（マタイ七・一三）

c 夜明け前（一九七〇年一一月一日）

いまの社会のなかで、差別を集中的に受けている「部落」での生活を経験すればするほど、いわゆる「基本的人権」の侵害の事実の厳しさが分かってくる。人権侵害は、生活の全領域にわたる。住宅は狭く極度に過密であり、風雨のたびごとに安全な場所をもとめて避難を余儀なくさせられるほど倒壊寸前となり、便所も水道も、いまだ数十軒で共同利用をさせられたままなのだ。かかるマイナスの生活環境に加えて、学習権も教育権も不当に剥奪され、多くの若者は、中学までで、労働条件の劣悪な日雇い労働の生活者となる。そして、町工場を流転しながら、臨時工、社外工として、つねにスクラップの対象として差別的待遇を受け、半失業状態のまま放置されている。しかし、このような差別的な労働条件や生活条件を「基本的人権」の侵害として自覚し、自ら立ち上がり、大衆的な解放運動としての闘いが、いま全国的規模で取り組まれている。

わたしたちの部落でも、もっとも重いクビキを背負わされている母親たちが中心になって、コトが始まっているのである。基本的人権の侵害の事実はひとり「部落」にかぎらず、働くもの自らのコトである。自らの権利に目覚めたものは、侵害されている他者の権利をそのまま放置しておくことはできない。そのとき、部落解放の闘いは、わたしたち労働者の解放と不可分の闘いとなるであろう。「豊かな人間とは、全体性を必要としている人間のことであり、そこに、人間の情熱と活動がある」というコトバがあるが、権利を侵され、深く貧しさを知る者たちの解放運動は、その方向を誤らねば、必ずや歴史をつくりかえずにはおかないであろう。

「貧しい人たちは幸いだ。神の国はあなた方のものである。」（ルカ六・二〇）

第七章　現代の危機と革命神学

第一節　近代主義を超克する視座

近年急速に宗教に対する積極的な関心が強まっている。それはたんに既存の制度的な宗教への期待というのではない。むしろ、今日の宗教を批判的に止揚し、宗教そのものを成立させる当のもの、つまり根源的基点とでも言いあらわすべきものへの積極的な関心であり、この根源的基点から湧出するところの、新しい思惟と行為への期待なのである。

近代、ことに日本の近代は、この根源的基点への探求を正確にたどるゆとりのないまま、近代化を驀進せざるを得なかったのであるが、現代に生きるわれわれは今、この近代の空洞に痛切に気付きはじめている。すなわち、人間としてのもっとも重要な「足台」がしかと踏みしめられず、大地から足が浮いていたことにも気付くことなく、漠然とした近代人の誇りに翻弄されながら、ここまで突っ走ってきたのである。そして物質的・精神的を問わず、この根源的基点の曖昧と無視によって、「私的簒奪」《Privateigentum》を招来し、あらゆる時と場所で抑圧と差別を結果せしめてきた。

従来の近代主義的な宗教も、ほとんどの場合、この近代の空洞と抑圧・差別を、根源的基点から解放する知見を身をもって証しするかわりに、これにつけいり逆用して自己目的的な「宗教の復興」をもくろむことをよしとすることで、今日まで生き延びてきたと言わねばならない。それもまったく「善意」のうちに。

あらためて指摘するまでもなく、現代に生きるわれわれにとってもっとも重要な課題は、これらの「宗教の復興」で近代の空洞を安易なかたちで埋め合わせることにあるのではない。むしろまったく逆に、「宗教」を含むすべての思惟と行為の根源的基点を明らかにし、そこから湧出する新しい思惟と行為を証示することにこそあるのである。

もともと宗教はもっぱらこの課題に答えることを本務とする。つまり、人間の営みのもっとも根本的な出立点とその帰趨にかかわる事柄を明晰判明にすることにあるのである。したがって、宗教は万人共通の心の基軸・芯にふれる、朝夕瞬時の具体的な事柄だと言わねばならない。

このような視座から見るとき、じつに幸いなことなのだが、新しい思惟と行為の根源的基点を明らかにする晴朗な徴表《Symptom》のあとは、すでに着実にたどられていることを知ることができる。

その第一人者は、何と言っても、あのユーモアにあふれた二〇世紀を代表する神学者・カール・バルト(一八八八～一九六八)であろう。彼は、日本では『モーツァルト』(新教出版社、一九六六年)などで知られる以外多くは知られていないが、少なくとも神学・哲学の世界においては、あまりに著名な先達である。

なかでも彼が「発見者の喜び」のうちに物した画期的名著『ローマ書』以後、エーミル・ブルンナーの近代主義的思惟の残滓をもつ「自然神学」《Theologia naturalis》を厳しくしりぞけ、断固たる「否!」《Nein!》をなげつけたことは有名である。まさに彼の神学は、その断固とした表現のなかに、新しい思惟と行為の根源的基点を証示する「発見」《Entdeckung》の迫力がこめられている。

そして、さらに幸いなことに、この画期的な「バルト神学」にもなお清算すべき旧い思惟、つまり孤立的・抽象的な西欧的思惟の習癖が残るとして、一九三四年以来今日まで、日に日をおっていっそう思索の厳密を期す「神・人学者」瀧澤克巳（一九〇九～）があげられる。（カール・バルトは、神学を「神・人学」《The-anthropologie》と呼んだが、瀧澤の学問は文字通りそれにふさわしいであろう。）

瀧澤の著作は、『著作集』全一〇巻（法藏館）のほか多数におよび、多くの人々によって深く読まれつづけている。ただし、瀧澤の師・西田幾多郎が最晩年に「私の論理というのは、学会からは理解せられない、否未だ一顧も与えられない」（絶筆「私の論理について」）と記したごとく、彼の学問にたいしても同様の事態のあることも否めないところである。

しかし、現代に生きるわれわれが、今ここで「新しい一歩」を踏み出し、真正の宗教の基点を問いなおし「新しい歴史の創造」に参画しようと志すとするならば、どうしても西田の『思索と体験』のあとに、また瀧澤の『わが思索と闘争』のあとに、学ぶ必要のあることだけは確言できるであろう。

第二節　絶対無償の愛・歓びの湧出

カール・バルトは、その絶筆『最後の証し』（新教出版社）で次のように述べている。

「単なる倦怠、単なる批判、従来のもの―現今の言葉で言えば既存の体制（エスタブリッシュメント）―に対する単なる侮蔑と抵抗は、教会の大いなる出発の運動とはまだ何の関わりも持たないのです。」（九九頁）

この指摘は、われわれの思惟と行為の根源を問いなおすための忠告として、今日も新しく聴かなければならないものである。

さて、先にあげた瀧澤の、バルト神学の批判的吟味をとおして獲得した「新しい思惟」の証示とともに、われわれにとって大きな力となったものは、同じくバルト神学と対決折衝しつつ独自な神学（たとえば、あとで少しふれる「平和の神学」）を展開する若い神学者・延原時行（一九三七年〜）の歩みである。

延原は、一九六四年の春から、兵庫県川西市に「加茂兄弟団」を設立し、当初土方をしながらの「自立的牧師」として歩みだした。それは、いわゆる「教勢拡張的伝道」ではない、新しいかたちの「友達づくり」と「新しい聖書研究」のなかから、「教会の大いなる運動」（バルト）につらなる稀有な牧師の誕生であった。「兄弟団」の手づくりの雑誌『雄鹿』創刊号（一九六四年）の巻頭エッセイは、今も忘れることの出来ないものである。その一部を次に引用しておきたい。

「わたしは鹿である。谷川を求めて歩く孤独な鹿である。（中略）さようなら、過去よ。私は鹿だ。私は谷川と共に流れるのではなく、谷川を奥へ奥へとより深き水のあるところを求めて、流れに逆らってたどらざるを得ない雄鹿なのだ。途中で倒るるも本望である。真理を求めながら死んでいったと、そう言われるだけでよいのだから。」

ここには、「真理」につかまれた人間の、絶対無償の愛に撞着した男の、歓びの湧出のサマが躍動している。そして、これまで『雄鹿』（九号）、『BAMBINO』（六二号）、『在家基督教通信』（一号）をはじめ、『BAMBINO叢書』の刊行などにおいて、数々の独創的試論が展開されてきている。

なかでも、『「イエス・キリスト」問題への analogia actionis（行為の類比）の提言（増補版）』（『BAMBINO叢書1』）で展開された「言語概念」（ここでの「新しい思惟」）と「行為概念」（同じく「行為」）の区別と関係の解明は、とくに重要な学問上の貢献と言わねばならない。ここでは立ち入って論究・検討することができないが、これは現代の、特にキリスト教神学の直面している問題の、原理論的（教学的）考察であり、問題の所在を明晰にしつつ、その解決の方向を積極的に提示したものである。

彼は、先の『雄鹿』のごとく「谷川を奥へ奥へとより深き水のあるところを求めて、流れに逆らってたどる」その途上において、瀧澤「神・人学」に出合い、いっそう根底の固い、独自な行為論と組織論を展開する。

このように、「新しい思惟」（瀧澤）と「新しい行為」（延原）が、それぞれその成立の根源的基点から躍動するところに、今日の宗教の新しい胎動のひとつの徴表を見ることができるのである。

第三節　随順・修行・卑下・社会性

ところで、われわれのこれまでの歩みで、もし少しでも積極的なものがあるとすれば、それはただ、瀧澤

・延原などのこの道の先達の指し示す「根源的基点」の力にのみよるのである。

一〇年ほど以前、一九六七年と一九六八年の二回にわたって「牧師労働ゼミナール」（日本基督教団兵庫教区職域伝道委員会主催）が開かれた。いずれも尼崎教会を宿《どや》として、二〇名ほどの牧師たちが約一週間、工場労働を経験しながら共同生活を試みたのであった。題して「私は働きます」（第一回）、「わたしについて来たいと思うなら（マルコ八・三四）―修行・卑下・社会性」（第二回）。

一般に牧師は、「世俗」の労働につかず、もっぱら教会の宣教と牧会を中心とした務めに就く。しかし、その務めそのものが正しく成り立ち、健やかに展開されるためには、牧師みずからが、根源的基点（《インマヌエルの原事実《Urfactum》》〈瀧澤〉・「実在的接点」〈延原〉）による新しい思惟に目覚め、その動態に組み込まれているのでなければならない。

かつてわれわれも小さなパンフ『現代における教会の革新―特に「礼拝のあり方」に関連して』（一九六四年）で、ささやかな試みを提示したが、さらにこれは、われわれ自身にとって牧師みずからの新しい出発へと進まねばならぬものであったのである。

「僕たちは、献身をして神学部で修行時代を送った。（中略）僕は今、ひそかに感じているのであるが、一週間の修行を、更に延長して、何のカタガキもない働き人として修行に出る」（第一回報告書）ことを意欲し、翌年には「自らの生き方のひずみを建て直していくという、最も基本的な出発点へと連れ戻され、その出発点から新しく生き始めるところに、思いがけない不思議な道が開けてくる」（第二回報告書）ことを見たのである。

このようなウォーム・アップのあと、われわれはこれまでの「教会」を背にして、自称「労働牧師」としての新しい出発をした。もちろん、それは確かに人の言うとおり、「ひとりの牧師が減って、ひとりの雑役工が増えたに過ぎない」とも言えるであろう。

「職安」で探し当てた「日生化学」のロール場で、そこの雑役工がわたしの「仕事場」であった。それまで読むことを禁じていた、シモーヌ・ヴェイユの『工場日記』も、新しい労働のなかで読むことができた。

「夕方、疲れなし。美しい太陽が照り、さわやかな風の吹く中を、ピュトーへ行く―（地下鉄、相乗りのタクシー）バスで、ドルレアン通りまで行く。快適―B…の家へ上がる。そして、遅く寝る。」（『労働と人生についての省察』所収、七九頁）

これまで経験をしなかった新しい生活ではあるが、こうして「働くこと」は、人としてあまりに当然のことであって、決して特別のことではない。ひとは、この働く生活のなかで、信じて生きるのである。内村鑑三のあの気迫に満ちた『聖書之研究』など、新しい生活に活力を呼び覚ます貴重なものであった。次に、拙稿・日録『解放』からその一部をあげる。

「生活の中から自覚的につかみとった言葉、それが『解放！』なのだ。ベルジャエフの『真理とは何か』や『奴隷と自由』は深い励ましになった。部落及びゴム産業の現状も深い問題意識を呼び覚ましてくれた。僕のこれまでの生活の中には欠落していた言葉、それが『解放！』であったのだ。そして、あらためて個人的にも社会的にも、古い我から、形骸化した諸伝統から解放されて、自立した新しい我、解放された我を常に探求していくことの悦びを知ったのである。『解放！』、この言葉によって響いてくる声を洞見しながら歩まねばならない。」

こうして雑役工が数年後、ようやくロール工という一職人として成長した。そして、いくたびかの倒産の後、急性腰痛症で労災認定、転職のやむなきに至る。

第四節　部落解放理論の基礎視座

労働の場をゴム工場の雑役工に、居住の場をいわゆる未解放部落に定めたのであるが、とくにこの「部落解放」の課題は、一住民・一生活者としての不可避的なとりくみとして関わることとなる。

周知のとおり、部落解放の全国的な組織的運動は、大正一一年のあの「全国水平社」の創立を起点としている。この運動の基調となるものは、同年二月、水平社創立発起者のひとり西光万吉の起草といわれる、次の呼びかけ趣意書「よき日の為めに」に窺うことができる。

「人間は元来勦はる可きものじゃなく尊敬す可きもんだ—哀れっぽい事を云って人間を安っぽくしちゃいけねぇ。（中略）吾々の運命は生きねばならぬ運命だ。親鸞の弟子たる宗教家によって誤られたる運命の凝視、あるひは諦観は、吾々親鸞の同行によって正されねばならない。即ち、それは吾々が悲嘆と苦悩に疲れ果てて茫然としてゐる事ではなく—終わりまで待つものは救はるべし—と云ったナザレのイエスの心もちに生きる事だ。（中略）吾々は大胆に前を見る。そこにはもうゴルゴンの影もない。火と水と二河のむこうによき日が照りかがやいている。そしてそこへ吾等の足下から素晴らしい道が通じている。（中略）吾等の前に無碍道がある。（中略）起きて見ろ—夜明けだ。吾々は長い夜の憤怒と悲嘆と怨恨と呪詛とやがて茫然の悪夢を払ひのけて新しい血に甦へらねばならぬ。」

ここには、確かに足下の無碍道への基本感覚とその息づきを了解できる。日本における最初の人権宣言とも言われる「水平社創立宣言」（西光万吉起草）も、人間であることを極度に冒瀆され、心身の苦痛をまぬがれ得ない境遇の只中で、「なお誇り得る人間の血は、涸れずにあった」ことへの驚きと感謝をこめて、新しくとらえなおされた「人間の誇り」を高調している。人間の恣意や境遇によっては微動だにしない固い基盤に撞着し、この支えと励ましに照応して、ただちに立ち上がり得る実在根拠・可能根拠が、ここには気付かれているのである。

第五節　『私たちの結婚』を編んで

しかし、この運動の初発性がそのまま無批判に是認されてよいと言うのではない。ここにもなお清算されるべき近代主義《Modernismus》を同伴させていたのであり、その後の戦争を挟んでの試行錯誤と悪戦苦闘の歴史のもつ問題性は、今日もわれわれに引き継がれているといわねばならない。

部落解放理論の探求においても、また具体的な実践・運動方法においても、これまで貴重な遺産を遺しているが、われわれはこれをさらに厳密に、根源的基点から批判的に検討・吟味していく必要があるのである。

部落解放運動は、たんなる内的な被差別感情や、ふっきれない怨念を基礎とすることはできない。とりわけ部落解放理論の基礎視座は、これらを超克する積極的視点が回復されなければならないのである。（拙稿「部落解放理論とは何か」『ＲＡＤＩＸ』第八号、所収）

昭和二五年三月号の雑誌『部落問題』は「部落と結婚」を特集し、次のような「あとがき」を載せていた。

「『わが青春に悔いなき』人生を、部落の若人達は幾人ほほえんでいるでしょうか。因習を超えて結ばれた愛が、生木を裂くが如く破れんとしている事実を、わたしたちは余りにも多く知っています。しかしながら、冷たい長い冬の、荊の道を辿りながら、堅く結ばれた愛を見事にみのらせた美しい事例を、今は、二つ三つと数えることができるようになりました。」

このように言われてから、はや四半世紀が過ぎた。その間、部落問題をめぐる状況も大きく変化し、「愛を見事にみのらせた美しい事例」も、今ではけっして珍しいことではないのである。

最近（一九七五年）、部落問題との関連の仕事のひとつとして、差別を乗り越えて結婚を実現させた一八組の夫妻を訪ね、その打ち明け話をきく機会を得た。そして、そのなかの一三組の証言を収録・編集し、『私たちの結婚―部落差別を乗り越えて』（兵庫部落問題研究所、一九七六年）として刊行した。

この問題への従来の接近方法は、差別の厚い壁ゆえに結婚が実らず、時には若い生命さえ捨てざるをえなかった諸事例に焦点をあて、今日における部落差別の厳しさを告発することに主眼がおかれてきた。しかし、今回のわれわれの方法は、人間としてのもっとも基本的な関係の成立のひとつである「結婚の絆」は、まったくの虚偽形態に過ぎない部落差別などによって、断じて踏みにじられてはならないことをはっきり押えた上で、直面する一つ一つの壁を、ていねいに乗り越えてゆく、若者たちの力強い歩みを、より前面に証示することにあった。

事実、現代の若者たちは、部落差別のからくりを歴史的・社会構造的にも正しく見抜いている場合が多い。そして、不当な壁に直面すればするほど、逆にふたりの「愛の絆」がいっそう明らかになり、結婚の成立が、ただ単にふたりの思いつきや偶然によるのではなく、隠れた固い絆によることが、あらためて了解されてくる。それと同時に他方、結婚成立の積極的な根拠が正しく受け入れられることが、部落差別の虚偽性をもっとも根源的な基点から見破る、ひとつの大きな鍵ともなるのである。

この仕事のなかで、われわれに強い印象をとどめた点は、新しい友情の世界の息づきである。壁を乗り越えるために、苦しみを共にする若い男女を支援し、祝福し、励ます友情の輪の美しさである。ふたりの愛とこれらの友情の結晶が、堅く閉ざしていた心の扉を開かせることにもなり、深い反省のうちに、真実の親子・兄弟関係が回復されてゆくのである。

第六節　現代神学の根本的な隘路

ところで、現代神学の状況と問題点について、延原は「バルト以後」（『福音と世界』一九七五年一〇月）で次のような概括を行っている。

現代神学は、「『個的実存から政治的構造へ』および『理論から実践へ』という二つのモチーフ」のもとに、「『希望の神学』（モルトマン）、『神の死の神学』（ハミルトン、アルタイザー）、『革命の神学』（ゴルヴィツァー、コックス）、『解放の神学』（ラテンアメリカ・メデリン会議）、『黒人神学』（コーン）、『歴史の神学』（パンネンベルグ）、そして『政治神学』（ゼレ）へ」と動いてきた。しかしこれらの「から―へ」の主張は、けっしてその「実在的転轍点（基軸と動力）」を明示しているとはいえず、モルトマンは「宣教へと駆り立てるものと歴史的地平に生ずる限りでの実在的変化との本質的区別を十分見極めていると は言い難」く、ゼレは「万物の解放と言うが、その根源的本質的意義と歴史的本質的意義とを神学的に峻別し得ているわけではない」と。

これはあまりに略述した部分的引用で分かり難いかも知れないが、いわゆる「理論と実践」「根源的本質と歴史的本質」の区別と関係の説き方に関連しても重要であり、この指摘は、われわれがもっとも注視して踏まえるべき「第一歩」の、ぬかしてはならない基礎視座がなお曖昧である点をつくものである。またこれは、瀧澤がこれまでもたびたびわれわれに、西田幾多郎の次の言葉を引用して、注意を促した点にかかわる問題である。

「問題の対象を新《あらた》にすることは、直《ただち》に思惟を新にすることではない。又問題が具体的だということは、直に思惟が具体的だと云うことにはならない。」（『哲学論文集』第三、序）

この点、J・H・コーンの『黒人解放の神学』の興味深い刺激的な諸論文においても、この隘路を超克する視点は未だ闡明にされているとは言えない。とくに、既存の解放運動とたんに順接的・連続的な結合関係のみ強調する同一化論に落ち込んでいることは、きびしく検討を加えなければならない点である。

この問題性は、われわれの陥りやすい問題性でもあるので、いっけん真実そうに見える次のようなJ・H・コーンの主張を、あえてあげておきたいと思う。これは、根源的基点にふくまれる構造・分節・力学、

「神ノ業」《 Opus Dei 》と「人ノ業」《 Opus hominis 》の区別・関係・順序が闡明でないことから結果する問題性である（以下、いずれも『解放の神学―黒人神学の展開』新教出版社）。

「『解放神学』は、抑圧された社会の諸目標に無条件に同一化し、その解放闘争の神的性格を解釈するようにつとめる神学である。」

「黒人神学の思惟と行動を導く原理はただ一つ、世界における神の解放の業に照らして自己の実在を規定しようとしている、黒人共同体に無条件に自己投入すること―ただそれだけである。」

「辱められ、虐げられた人々に無条件に同一化しないキリスト教神学というものはありえない。」

神学は、現代の激動する「歴史」「革命」「解放」「政治」の状況と無関係にあるのではない。むしろ、現代の状況を、根源的基点・根本状況《 Grund-situation 》において、真に科学的に明晰判明にすることにこそ、神学の課題があるのである。その場合、必ずたんなる同一化の視座は超えられているのである。

第七節　「小さなしるし」＝瀧澤神学

ここで、再び瀧澤「神・人学」の展開に注目しなければならない。

周知のとおり、瀧澤の場合、西田哲学・バルト神学・久松禅学・浄土真宗等々との折衝をとおして、人間成立の根源的基点にふくまれる構造・分節・力学を愈々闡明にして今日におよんでいるのである。

瀧澤の新著『宗教を問う』（三一書房）は、先年（一九七四～七五年）ドイツに招かれて当地でおこなわれた講義・講演等を収めたもので、解り易い筆致でこれまでの思索の後がたどられている。次にその一部を引用したい。先のJ・H・コーンの言葉とは、大いにその響きを異にしているものである。

「人間がそのなかに住んでいる世界、この世界のなかの一々の存在者、おのおのの自己そのものは、まさにその成立の根底において一つの揺るがすべからざる堅い止め・運動の条件をもっています。（中略）わたしたちがそれを知るかどうかにまったく関わりなく、人間の生もしくは人類の歴史にとっては、その始めから終わりまで一つの無条件の決定―が支配しています。（中略）歴史的・現実的な何ものも、この一つの根源的な・人間のものではない決定の枠の外で生起することはできません。」（四〇～四一頁）

人間の新しい思惟と新しい行為は、この堅い止め・運動の起点・無条件の決定（「第一義の神・人の原関係」）と「不可分・不可同・不可逆」の根源的関係において成り立つ表現・徴表《Symptom・Zeichen》（「第二義の神・人の統一」）として生起するのである。この一見、われわれの目に難解にみえるこうした表現も、人間の事実存在の真相を探るものには自ずと気付かされてくる単純で解り易い真実である。

一九七六年七月より福岡で開催中の瀧澤ゼミ＝「マルコ福音書の研究―田川注解の触発による」は、現在「盛況の中にすすみ、内に鋭い迫力を受けつつ、今、状況の真中に立っている」（世話人・村上一朗書簡）という。

われわれが「神戸自立学校」で以前から瀧澤の著作をとりあげ共同研究をすすめていることもあって、幸いこのゼミの収録テープが届けられ、いま共に学ぶ機会を得ている。田川健三の労作『マルコ福音書・上巻』（新教出版社）を吟味・批判しつつ、氏の「神・人学」がいちだんと厳密な表現をもって展開されつつあるのである。

瀧澤は、その初期の段階より、従来の「哲学」「宗教」のいわばその底を割ったところの根源的基点からの新しい思惟の展開として、哲学、宗教、経済学、国家論、家族論等々のはばひろい論究をすすめてきた。しかも、当初から日本の枠をこえて、世界での交流を、ことにカール・バルトとの長期にわたる学問的折衝のなかで育ててきたのである。この点、先の日独教会協議会（一九七六年二月）でのW・ベトヒャーの次の発言「日本の神学―ドイツの論議の中で」（『福音と世界』一九七六年九月号）は印象的である。

「私の見るところでは、瀧澤氏の神学は一つの特別な、また不可欠の貢献をなしております。」「『神われらと共にいます』という仲介の原事実によって仲介されているので、（中略）彼には、自分に高値をつける必要、自分を広げる必要、自分を偉大に見せる象徴を持つ必要は全くありません。彼はこの自分の場において、ただ、自分が本当にそうである、そのものであればいいのです。」

瀧澤は、再びこの三月（一九七七年）から満一年、マインツ大学その他の招きで渡独の予定という。この静かな、そして「小さなしるし」（ベトヒャー）である瀧澤「神・人学」は、それが「神の足台」（マタイ五・三三）から湧出する創造的表現であるかぎり、現代の危機を超克し、全人的解放をうながす「神ノ業」に反響する、明るいこだまとして響きつづけるに違いない。

第八節　創造的世界は始まっている

最後に、瀧澤の原理論的論究をふまえつつ、独自な「組織論的理性の模索」を精力的に追求する延原の神学にふれておかねばならない。

彼は、はじめにも述べたように、十数年前（一九六四年）から「巡礼者キリスト教」を善しとして歩みだした開拓的実験者であるが、二年ほど前（一九七四年）から自覚的に「在家基督教の産声」（『在家基督教通信』無風庵刊）をあげ、教派・教団・教会の底を破って「在家基督者」を見定めるにいたるのである。

彼のいう在家基督者とは、「先ず第一義的に実在により裏打ちされ、定義され、充実している」「実在的大衆生活者」（前掲「バルト以後」）であり、「同時代者と共苦する個人」（バルト）の謂である。したがってそれは、教派・教団・教会にも不可避的にふくまれる「基本単位」であることが確認される。

「もしわたしたちが視野を己の生きるそこに勇気をもって転ずれば、『教会にいっているから』信ずるのではない、生きるから信ずる、自活・自修の途に立つ在家基督者である自分に気付くはずだ。瀧澤の発見した『教会の壁』の外に（も）横溢する神人の原事実は、そのような信徒の発生を促してやまぬ」（前同）として、瀧澤原理論を組織論的に読み替えるこころみを展開するのである。そして、彼はさらにこれを「在家キリスト教テーゼ」及び「在家基督教教程（草案）」並びに「現代牧会批判テーゼ」などで吟味徹底させる。

同時に他方、彼は一九七二年秋、ＷＣＣ（世界キリスト教協議会）「教会と社会」部門の主催する国際専門家会議「暴力、非暴力、社会正義のための闘争」で出合った「平和学」のヨハン・ガルトゥングとの思想的対決折衝のこころみを「平和研究における暴力概念」及び「平和の神学・素描」などで展開してきた。

こうして、延原は今、南部カリフォルニア大学クレアモント神学校の「現役牧師のための宣教学博士課程」に学び、「日北米両教会における宗教革命」の論題で、当地の「プロセス神学」と瀧澤哲学を折衝させつつ、原理的・歴史的・教会社会学的に検討をくわえる仕事に専念している。

次々と、思いがけないかたちで、われわれの生活の途上において「出合い」が起こる。そして、つねに今ここにおいて、新しく生きることを学んでゆくのである。「新しい思惟と行為の根源的基点」は、けっしてわれわれの所有物にはならないし、してはならないのである。いかなる素晴らしい理論でも実践でも、つねに新しく根源的基点から検討され、批判・吟味されてゆく。われわれにとって、われわれの旧い思惟と的はずれの行為が、この根源的基点によって新しくされ、正されてゆくことほど幸いなことはないからである。

われわれの生きている世界は、すでに堅い根源的基点に裏打ちされており、万物はすでに「インマヌエルの原事実」（瀧澤）、「創造的世界」（西田）によって、絶対の背後から支えられているのである。すべての人が、絶対無償の愛によって新しくされており、行き易い道が、すでにそのつど新しく備えられているのである。だからこそ、われわれは、現代の危機にもかかわらず、その危機のなかで希望をもって生き続けることができるのである。

「新しい歴史の創造」は、すでに絶対の背後で始まっており、そこからこだまする「小さなしるし」は、われわれの予測を超えたところで、力強く噴出しつつあるのである。それもつねに、多くの人の目には隠されながら。

（月刊総合雑誌『世界政経』一九七七年一月号の特集「新しい価値創造と歴史意識」に掲載）

第四部　部落問題の解決と番町出合いの家

第八章　部落問題解決の偉業に学びつつ
―「番町出合いの家」の小さな実験のなかで―

はじめに

いま名古屋にいます。昨年（二〇一七年）一二月一日、名古屋で暮らす娘がくも膜下出血で倒れ、娘の住まいを拠点にして毎日面会に出かけていますが、さいわい順調に回復して、一二月一日からひと月半ほどの急性期病院から、いまは回復期のリハビリ病院に転院しています。

先日（二〇一八年一月一五日）、地元の神戸人権交流協議会とＮＰＯ神戸まちづくりの新年の集いに参加するために、久しぶりに神戸に戻りました。溜まったままの年賀状など郵便物の中に、本誌『人権と部落問題』二〇一八年七月号の特集「戦後部落問題の分岐点（６）―それぞれの分岐点」の巻頭論考・東上高志さんの「あたらしい当事者」を添えた梅田修編集長からのお手紙があり、そこには「地域の変化を含めて、鳥飼さんが番町で活動されてきた内容を自分史的にまとめていただければ」と記された、嬉しい寄稿依頼がありました。

誠に不思議なご縁から、若き日より部落問題の解決に関わる働きに参画してきましたが、私はどの場合も関係する方々と歩みを共にしてきただけの、ただのわき役・同伴者のひとりにすぎませんので、本特集に相応しいかどうか、少々戸惑いがあります。

しかし、もうこういう機会もないでしょうから、添付された東上さんのいくらか軽いタッチの文章にも促されて、住み慣れた神戸を離れた名古屋の「別荘」で、何の資料もなしに手ぶらのままで、早速書き進めてみることにいたします。

第一節　在家労働牧師を目指して

東上さんの巻頭論考によれば、東上さんはいま八八歳、米寿をお迎えのようですが、私もいま七七歳、喜寿を迎えています。

本稿のタイトルを「部落問題解決の偉業に学びつつ――『番町出合いの家』の小さな実験のなかで」としていますが、戦後部落問題解決の歩みの中で、大きな節目となった一九六〇年――日米アンポの年・同和対策審議会設置の年――は、わたしは牧師の道を目指して京都の同志社大学神学部の学生でした。

この年（一九六〇年）は藤川清さんが写真集『部落』を刊行したり、亀井文夫さんが『人間みな兄弟――部落差別の記録』というあのドキュメンタリー映画を製作し、先輩の梶原伸之さんが神学部の壮図寮で上映学習会を開き、それに参加したりしました。先輩牧師たちは、当時すでに広島や大阪を拠点に部落問題解決の活動を進めていて、その動向にも一定の関心を持っていましたが、私自身が主体的に部落解放運動や部落問題研究に関わるのは、一九六八年春から在家労働牧師を目指して、新しい歩みを始めてからのことです。

それまでは、もっぱら学生時代に出会った先達―特に禅仏教の鈴木大拙師と哲学の滝沢克己氏―に学びながら、当時先進的で開拓的な研究領域のひとつであった「キリスト教と仏教との対話」に大きな刺激を受け、牧師として生きる基礎的な模索に打ち込んでいました。

一九六四年春、六年間の学びを終えた卒業式の前日に、新たに完成したばかりの神学館の礼拝堂で、クラスメイトの祝福を受けながら結婚式を挙げ、最初の任地・滋賀県近江八幡市の郊外にある「日本基督教団仁保教会」（この教会は近江兄弟社として知られるウィリアム・メレル・ヴォーリズらによって建てられた農村の教会で、「農村の小さな教会の牧師になりたい」という私の夢がかなって実現したものでした）の「伝道師」の資格で、相方（彼女は関西学院大学神学部で学び同期に「伝道師」に）と共に赴任しました。

私たちの学生時代には、第二次世界大戦後ドイツとスイスで始まった「アカデミー運動」が、京都・修学院を拠点として日本でも始まり、「出合いと対話」の取り組みが注目を浴びました。当時私も、この「話し合い」運動に深い共感を覚え、赴任早々には、教会員の皆さんの同意を得ながら「仁保教会」の看板を「仁保出合いの家」に改めたり、玄関の入り口に拙い詩「出合いの家のうた」を掲げたり、ガリ版でつくった「出合いの家だより」を発刊したりなどして楽しませてもらいました。

第一線で歩み始めたばかりなのに、当時の世界のキリスト教の最先端の実践に学びながら、長い伝統の中で生み出されてきた「礼拝のかたちをかえる試み」など重ねてみました。ふつう教会の礼拝堂には一段高く講壇が置かれて説教が行われますが、高い講壇をなくして「円卓」にし、礼拝に「話し合い」を取り入れるなどの実験レポートを『新しい礼拝の在り方について』という手製のパンフレットにまとめたりして、二年間の新婚時代をおくりました。

その間、近江兄弟社学園中高部の聖書科の授業を受け持たせてもらったりしましたが、二年後の一九六六年春には、賀川豊彦が創設した教会として知られる「神戸イエス団教会」から招聘を受け、相方と共に伝道師として神戸における生活が始まりました。

一九六〇年代の後半は、すでに世界的な広がりを持ってものごとを根底から問い直し、新しいものを産み出そうとする思想的な高揚期と重なり、日本の各地でもその芽生えがありました。すでに大正初期には、賀川豊彦らが「労働者伝道」の実践を開始していましたが、類似した小さな試みとして、私たちの学生時代には「キリスト者学生労働ゼミナール」（夏休みを活用して零細企業で労働しながら共同生活を行う）の取り組みがあり、私たちが神戸イエス団教会に赴任したときにも、兵庫教区と大阪教区の職域伝道委員会の主催による「牧師労働ゼミナール」と名付けられた斬新な取り組みが二度にわたって開催されるなどして、大きな刺激を受けました。

私にとって、この一九六六年から一九六八年春までの神戸イエス団教会における二年間は、まだ伝道師時代で、正教師試験を受験した後、按手礼を受けて「牧師」となる前の準備の時でしたが、正式に牧師になり、新しい時代に信じて生きるということはいったいどういう形をとるべきなのか、つらつら我がこととして省察するときでもありました。若手の牧師たちは読書会などして、キリスト教の福音理解や伝道・牧会・教会形成などに関する真剣な模索を重ねていて、神学部の二級先輩の延原時行さんが、すでに一九六四年の段階から既成の教会を背に、仲間たちと共に「土方」などしながら「加茂兄弟団」という面白い歩みを開始し、手づくりの実践記録『雄鹿』などを発行して広く読者を獲得していました。

賀川豊彦の創設した神戸イエス団教会には、当時もまだ賀川と直接歩みを共にした方々もおられ、私自身も、高校生の時に賀川から強い影響を受けていた牧師夫妻を通して、賀川豊彦夫妻の生き方に共感して、新たな夢・在家労働牧師として生きるという夢を宿し、賀川のもうひとつの活動拠点である長田区番町に住み込んで、一人のゴム工員としての歩みを開始したのでした。

第二節　神戸の部落解放運動に学んで

私たちが新しい生活をスタートした一九六八年という年は、同和対策審議会「答申」（一九六五年）も出たあとで、特別の法的措置を求める世論が大きく盛り上がろうとしていたときでした。部落解放同盟番町支部を中心にして、住宅・仕事・生活・教育など住民の諸要求をたばねた神戸市への「対市交渉」が地道に積み重ねられて、青年たちも婦人たちも意気盛んで、神戸市の部落解放運動にも新しい動きが出始めていた時で、私たちもまだ二〇代の青年でした。

神戸市の番町地域というのは、一六カ町もある広域のまちで未組織の町内会もあり、まず私たちが取り組むことになったのは、新しく自治会を結成して、地域内の連合自治会をつくり、併せて子供会をつくって、自分たちのまちを新しく形成することでした。

この時は、まだ共同便所・共同水道が残されていて、毎週薬剤散布をしていました。解放運動も、地元組織や自治連合会と共同して住宅要求を中心とした組織的な取り組みを進めていて、「番町地区住宅推進協議会」などをつくり、行政との連携も緊密になっていく時期でもありました。すでに数年前、自動車の運転免許を取得するための「車友会」という組織（主として青年層）がつくられ、自動車教習所へ入学するための事前学習（識字運動）も活発で、私もその三期生としてゴム工場に通いながら普通免許を取得しました。

また同時進行で生活自立運動のための「厚生資金利用者組合」という組織（婦人層が中心）がつくられ、神戸市の解放運動の中核を担いました。文字を学びたいという母親たちの求めに応えて、地元の公民館を借りて、ゴム労働を終えてから、母親たちを対象に自主的な識字学校（夜間学校）を続けたことも愉快な経験のひとつです。

このころは、部落問題の解決を重視して、マスコミ関係者も積極的に地元に入り「車友会」などの動きを追っていました。私たちの小さな試みも、朝日新聞の「ある抵抗」という連載記事（神戸支局長の取材記事）に掲載されたことを機に、朝日系の東京12チャンネルの人気番組「ドキュメンタリー青春」（三〇分）から取材申請がありました。強く固辞したにもかかわらず、部落解放同盟番町支部の全面協力ということで、結局取材に応じるハメになりました。

まちの姿と暮らし、解放運動の寄り合いの様子、ゴム工場の仕事場、「番町出合いの家」の様子などを丁寧に取り上げ、番町支部の書記長・西脇忠之さんと定時制高校の教師・西田秀秋さんの二人と私たち夫婦の長時間の語らいで構成された番組―「やらなアカン！　未解放部落番町からの出発」―が完成し、私の二九歳の誕生日（一九六九年二月二三日）に東京方面で放映されました。

このドキュメンタリーは、フォーク歌手の岡林信康さんが「山谷ブルース」「チューリップのアップリケ」などの持ち歌を添えて完成されました。放映後には「長田区番町・鳥飼」宛の手紙などが多く寄せられてびっくりしました。

岡林信康さんの父親は牧師さんで、滋賀県近江八幡の最初の任地でお世話になりました。岡林信康さんはその時高校生でしたが、同志社大学神学部に進んだ後、東京の山谷で修行してフォーク界へ。一九六八年の地域の夏まつりでは、やぐらを組んで盛り上げてもらったり、彼の「蒸発事件」（?）の時には、「番町出合いの家」の週刊紙『友へ』に応えて、「鳥飼さん、下痢を治しに旅に出ます」という置手紙を残して身を隠したりするなど、いろいろな出来事がありました。

また当時、東大法学部を出た新進気鋭の弁護士さん（鶴見俊輔さんや堀田善衛さんなどと共にベトナム反戦の脱走兵を支援する活動にも熱心に関わっていた方）から、私たちと共にゴム工場で労働体験をしたいという申し出があり、ひと夏の短い期間でしたが、食事を共にして一緒に工場で働いたことも、忘れられない面白い経験でした。

こうした日々の経験をノートに記した『解放』という日録誌や前記週刊紙『友へ』などをタイプ印刷して、友人たち五〇人ほどと交流を重ねていました（すっかり忘れていましたが、大地震を体験した後には「人は誰も見てはならない」と表書きしたノート類などが大量に出てきたりして、いまパソコンに打ち込んだりして遊んでいます）。

神戸の部落解放運動の最大の特徴は、運動の組織形態も同和行政（教育を含む）の基本も、「部落」を特別視する「属人主義」をとらずに「属地主義」を貫いたことでした。

註　部落解放運動の組織対象や同和対策の対象を考える際、「属人主義」とは、同和地区に居住しているかどうかに関わりなく、部落出身者であれば誰でも対象にする（部落出身者に限る）という考え方であり、「属地主義」とは、部落出身者であるかどうかに関わりなく、同和地区に居住するすべての人を対象にするという考え方です。

この方向性は、住宅建設のもとになる住宅地区改良法の学びの中から得られたものですが、当時の部落解放運動の排外主義的な潮流とは一線を画して、神戸市の行政と部落解放運動の独自な見識を表すものでした。したがって私たちのような「流れ者」も国籍などの違いもこえて、この地域に居住するすべての住民を主体として「新しいまちづくり」が意欲され、私たちも歩み始めた当初からそれらの諸課題に参画することができたのです。

当時、部落解放同盟全国大会に参加すると、大阪のある代議員が近寄ってきて「神戸の運動は偏向している」と批判することもありましたが、むしろ神戸の立ち位置の確かさは、京都や大阪の運動の先輩格とは質を異にするものであることを自覚させられました。それは、当時の解放運動の抱え込んでいた実践的理論的難問を批判的に乗り越える上での貴重な足場ともなり、次に触れる神戸部落問題研究所の創設への大きなバネになりました。

第三節　神戸部落問題研究所の裏方として

部落問題の解決過程で重要な節目となったのは、言うまでもなく部落解放同盟による集団暴力事件――一九七四年一一月の「八鹿高校事件」ですが、同年四月には神戸部落問題研究所が誕生しています。

一九六八年春からゴム工場で汗を流していた私は、熟練工のロール士として腕を磨いていましたが、ふがいないことに職場でぎっくり腰（労災）となり、止む無くゴム工員を退職し、求めに応えて地元の長田公民館で社会教育課の嘱託となり、公民館に籍を置きながら研究所の設立準備に取りかかりました。

神戸部落問題研究所の設立に際しては、神戸市の同和対策協議会の重鎮を担い、神戸市の部落問題研究の実績もあった杉之原寿一さん（神戸大学）が所長を引き受けて下さり、それによって設立当初より錚々たる研究者が結集され、神戸の地元関係者の協力もあって、歴史・教育・行政・運動すべての分野にわたる総合的な部落問題研究が活発に展開されていきました。私も公民館の嘱託を辞して研究所の裏方を担わせていただくことになり、以来部落問題解決の激動の日々を送ることになります。

神戸部落問題研究所設立の翌年（一九七五年）には、全国部落問題研究集会が神戸で開催され、新しい解放理論としての国民融合論が提起されたことで、「朝田理論」などと呼ばれた糾弾闘争を正当化するだけの似非理論を批判的に超克する契機となったことも特筆すべき出来事でした。

学問とは本来、ものごとの区別・関係・順序を明晰判明にする営みです。部落問題研究の分野においても、運動・教育・行政の癒着・従属関係の混乱を正す活発な論争が展開され、神戸部落問題研究所もその学問的な潮流を牽引する役割を担う「新しさ」が注目されました。

私も研究所の裏方となって、はじめての編著となった『私たちの結婚―部落差別を乗り越えて』(一九七六年)では、結婚という対人性の領域に社会性の領域である運動が土足で入り込み、糾弾闘争を行う間違いを指摘したものでした。当時神戸市のある職場で、「差別発言を行った」と「解放研」から一方的に断罪された方が自殺するという事件が起こりましたが、神戸市では、それ以来糾弾闘争という形態はなくなりました。

第四節 「宗教と部落問題」「キリスト教界の賀川問題」など

ゴム工場の雑役をしながら六畳一間に夫婦と二人の幼子が生活する「番町出合いの家」の実験は、期待通りの面白さで、一度始めたらやめられなくなりました。既存の教会のように信徒を増やして教会を建てることを主たる目標とせず、むしろ「地の塩となって消えてなくなる」ことを意欲しながら、ボチボチとモグラ暮らしを楽しませていただくという歩みのなかで、地元のまちづくり運動に加わりながら、神戸部落問題研究所の仕事に打ち込む日々が続きました。そうしたなかで「宗教と部落問題」と「キリスト教界の賀川問題」への研究分野は私のライフワークになっていきました。一九七〇年代の半ば過ぎには部落解放同盟による宗教教団への糾弾闘争が激化して仏教教団が大揺れになり、京都の部落問題研究所においても藤谷俊雄さんや加藤西郷さんを中心に「宗教と部落問題」の研究活動が活発になり、部落問題全国夏期講座では特別の分科会もつくられました。私も神戸において（その頃「神戸部落問題研究所」から「社団法人兵庫部落問題研究所」へ改称されていました）この問題を主題的に論じ始めていました。研究紀要『部落問題論究』で「宗教の基礎」について発表したのもこの頃のことです。

部落解放同盟による仏教教団への糾弾闘争は、私たちの日本基督教団にも及び、一九六〇年に生涯を終えていた賀川豊彦を「差別者賀川」と断ずる論調が支配的になるなか、その流れに抗して教団議長あての抗議文書を提出するなどして、私の「賀川豊彦研究」も始まりました。賀川生誕百年を記念する一九八八年には『賀川豊彦と現代』を、二〇〇二年には『賀川豊彦再発見―宗教と部落問題』を、さらに二〇〇七年には『賀川豊彦の贈りもの―いのち輝いて』を刊行して、問題解決に向けた対話を促す努力をかさねました（上記の賀川関係の三部作は絶版中で『賀川豊彦の贈りもの』のみ二一世紀アートの電子書籍版で読まれています）。

なお、二〇一七年春には、文庫本『賀川豊彦と明治学院・関西学院・同志社』（文芸社）を刊行し、これをうけて同年九月には賀川記念館（神戸市）で開催された第三〇回賀川豊彦学会の記念講演「賀川豊彦と神戸―ＫＡＧＡＷＡ　ＧＡＬＡＸＹ」の大役も終えました。

おわりに

長期間にわたって研究所の裏方を務めながら、いくつかの場所で学生相手の講義もさせてもらいました。杉尾敏明さん（阪南大学）のお声で阪南大学と中京女子大学で、大塚秀之さん（神戸市外国語大学）のお声で神戸市外国語大学で、村上博光さん（甲南女子大学）のお声で甲南女子大学で、そして高野勝夫さん（神戸保育専門学院）のお声で神戸保育専門学院などで講義をしましたが、それも愉快な経験でした。

当時、新聞や週刊誌で「日本一の都市部落番町」「未解放部落番町」などと書かれても違和感を覚えることのなかった私たちの町が、この半世紀ほどの短いあいだに大変貌を遂げました。この間、部落問題の解決という大きな偉業に関わることができ、まちの変貌の全過程を見届けてきた一人として、わがまち番町の歩みと将来について、また在家労働牧師を目指してきた「番町出合いの家」の小さな実験と将来について、書き綴ってみたくなりました。今回のこのスケッチはその呼び水になりそうです。

くも膜下出血の娘は奇跡的な回復を見せ、あとひと月ほどで退院の見通しも出てきました。名古屋での二カ月半、ちょうどこの期間は一般財団法人アジア・ユーラシア総合研究所の企画刊行になる『賀川豊彦著作選集（全五巻）』（厚徳社）の解説・校正にも没頭でき、めでたく全巻完結となる嬉しい出来事もあり、『滝沢克己記念論集』と『賀川豊彦学会論叢』への寄稿草稿も完成させることもできました。

補記　右の拙稿は二月一二日に名古屋において脱稿したものですが、おかげさまで娘の快癒も順調にすすみ、三月一九日にはリハビリ病院も退院できました。ただいま職場復帰をめざして自宅での生活をはじめましたので、私たちは三月二四日には神戸に戻り、その後必要に応じて神戸と名古屋を行き帰りしております。四カ月ほどの名古屋での生活の中で、おもいがけず新しい著作『賀川豊彦と神戸―「番町出合いの家」の小さな実験』（仮題）の刊行の夢が宿り、推敲をかさねてきて、四月四日にはその完成草稿を神戸の賀川記念館のホームページ（その中の「鳥飼慶陽の部屋」）に収めてもらっています。この「部屋」には、旧稿『未来への冒険―在家労働牧師の小さな実験（草創期の記録）』など多くのドキュメントが読みやすく公開され、自由に閲読できます。七〇歳を越えたころから、若い友人に誘われていくつかのブログをはじめたり、フェイスブックを楽しんだりしています。面白い時代になったものですね。

（二〇一八年四月一二日記す）

（雑誌『人権と部落問題』二〇一八年七月号所収）

第九章　杉之原寿一先生の人と業績への回想

昨年（二〇〇九年）七月一五日朝四時ごろ、容態の異常に気付かれた奥様がすぐに医師を迎えられたが、先生は五時五分ご家族の見守られるなか、静かに息を引きとり、その生涯を終えられた。長く住み慣れた先生のお宅は、京都市左京区修学院の閑静な住宅街の一角にある。

先生は、数年前から急速に視力を失われ、読書も執筆も困難となっていた。特別の用事もないのに時たまお電話をすると、奥様がいつもご親切に、二階の先生の書斎に電話をつないでくださり、神戸の近況を報告したり、取り留めのない話をして、元気なお声を確かめていた。

愛煙家の先生は、近所の煙草屋までの散歩をされていたようであるが、先生と親交の深かった部落問題研究所の木全久子さんのお話では、京都の研究所へは二〇〇七年一二月末にお顔を出されたのを最後に、定期の資料収集もストップして、以後お目にかかることがなかったと言われる。

視力を失われて以後、奥様の転倒事故などあって、ご夫妻とも入退院を繰り返しておられたが、ご子息の献身的なサポートで、一階に部屋を増築し、落ち着いたご養生を始められた矢先のことであった。

膨大な先生の蔵書・資料のこと

ところで、視力の衰えが進みその回復が難しいことを自覚された先生は、自宅の書斎のほかに二階の二つの部屋と一階に増設された書庫、さらに加えて離れにも大きなプレハブを建てて、整然と保存・整理されてきた膨大な蔵書・資料の、後世への移管先を探しておられた。

もとより先生にとって、失明のことは想定外であり、生きているうちにこれら蔵書・資料を手離すことなど考えられもしなかった事態であった。しかし先生は、奥様ともご相談の上、すべての蔵書・資料を一括して、兵庫県人権啓発協会に寄贈する決断をされ、協会との交渉を私に依頼された。そのお電話をいただいたのは二〇〇八年一二月四日のことである。

すぐに協会へ打診を計ったところ、かつて兵庫人権問題研究所が神戸市中央区元町七丁目に三階建ての所屋を活動拠点にしていた場所を離れる直前（二〇〇一年一月）、大切にしてきた研究所の所蔵図書・資料の殆どすべてを啓発協会へ寄贈・移管したときお世話になった川渕管理部長（当時）が在職中という幸運にも恵まれ、所蔵図書・資料の一括移管の御意向が、協会に受け容れられることになった。研究所の蔵書・資料を移管するおりに、当時の協会責任者の方から「研究所のものも有難いが、将来是非杉之原先生の蔵書・資料も当協会へ寄贈して貰えば、なお一層有難い」との意向が出されていた経緯もあったのであるが、双方の合意が整うことになった。

分量があまりに大量のため協会の受け容れ準備に少し時間を要したが、二〇〇九年三月一〇日にはその作業がすべて完了した。運送時の見積もりではダンボール五〇〇箱ということであったが、実際は四〇〇箱あまりとなったものの、研究所の移管作業のときと同じく、協会の方ですべての作業手続きを進めていただき、大変有難いことであった。

これらの蔵書・資料を手離される先生のご心境のほどは計り知れないが、今回の件では、先生亡き後も奥様やご家族の方から、先生が安堵の思いを洩らしておられたことを御伝えいただき、大げさかも知れないが、気になっていたことだけに一仕事できたという特別の感慨がある。

移管された蔵書・資料は今、この財団法人兵庫人権啓発協会において、丁寧に分類・整理されつつあり、すでに蔵書類のリストもできている。当協会には大量の文献・資料が収集され、県民に公開されているが、兵庫人権問題研究所の関係図書・資料とともに、このたびの「杉之原寿一所蔵図書・資料」が加わることによって、全国的規模の貴重な部落問題関係図書・資料の所在する場所の一つとして、今後広く活用されることになる。

先生の略歴や全業績などに関しては、一九九八年三月出版の『杉之原寿一部落問題著作集』第二〇巻「部落問題に関する理論研究」所収の「補論」として「杉之原寿一の人と業績」を収めることができたので、その時点までのことは、是非それをご一読いただくとして、本稿では、先生の幅広い研究業績の内の、特に「部落問題研究」分野の、分けても一九七四年四月創立の「神戸部落問題研究所」の設立準備の頃から、先生のもとで身近に接することを許された者のひとりとして、「先生との個人的な思い出」のようなことを書き記して、本誌「追悼特集」の寄稿依頼にお応えしたいとおもう。おぼつかなくも忘れかけた記憶を辿りながら記そうとするこの「回想」が、先生の打ち込まれた学問と実践的働きのいぶきを、いくらかでも未来に受け継ぐことに役立てば、と願っている。

喫茶「琥珀」での大事な打合せ

周知のとおり先生は、戦時下（一九四三年）京都帝国大学文学部哲学科で学ばれ、すぐ学徒動員で徴兵兵役、幸い国内にあって敗戦となる。戦後（一九四七年）哲学科を卒業後「京都帝国大学人文科学研究所」へ、そして一九五一年からは神戸大学文理学部講師に就かれて、私たちの神戸との関りを開始される。

その頃、『テンニエス』『南太平洋』『現代批判の社会学』といった著・編著をはじめ、翻訳でもルソーやマンハイムの著作、岩波文庫に収められ広く知られているテンニエス『ゲマインシャフトとゲゼルシャフト』の名訳、さらにはフランス百科全書派研究などの多彩なお仕事の傍ら、先生は翌一九五二年末には、神戸市長田区の番町青年団などの協力を得て、「未解放部落」（学術用語として用いられてきた用語であるが、当時の厳しい差別の現実そのものを表現する言葉として違和感がなかった）番町の実態調査を試みられた。先生はまだこの時三〇歳前である。

これを皮切りに部落問題研究、特に現状調査の科学的研究に打ち込まれ、次々と開拓的な独自の調査方法を確立しながら研究成果を発表して行かれた。

神戸でも一九五〇年代後半から漸く部落問題解決の機運も高まり、一九六〇年代に入ると神戸の部落解放運動も組織的な展開を見せはじめる。周知のごとく「同和対策事業特別措置法」の施行もあり、住民の強い要求に応えて神戸市は、一九七一年七月に初めて本格的な市内同和地区の全世帯調査を実施した。

この調査は後の神戸市の同和行政の起点ともなった歴史的な調査であったが、この調査に当たって調査項目や実施方法などの実質的な重要な打合せのできたことは、私たちにとって最も大きな出来事であった。先生は調査の実施に当たっても、連夜地元説明会などにも顔を出して、大変なご苦労をされた。当然の事ながら調査結果の分析にも、先生は中心的な役割を担われたのである。

一九七二年には神戸市同和対策協議会が設置され、ほぼ一年間にわたる「長期計画」の策定作業をつみかさね、一九七三年八月にはそれを仕上げるのであるが、この策定作業でも、同協議会「会長代理」の座を担っての献身的な貢献ぶりは真に大きく、先生の政策立案者としてのずば抜けた能力もまたこのとき存分に発揮された。

すでに当時、同和対策の法的措置の実施にともなう全国的規模での運動・行政・教育全般にわたる不正・不法による混乱状態が表面化していたが、その中にあって神戸では、適切な手続きをふんだ科学的な総合調査をふまえて、既述のような綿密な「長期計画」が策定できたことは、特筆すべきことであった。それは、市内全地区の個別的な年次計画をふくむ、環境整備・福祉増進・生活向上・教育人権等の総合的な「神戸市同和対策事業長期計画」であって、いま見直しても画期的なものである。

この「長期計画」の策定過程のなかで、関係者のなかから求められたのは行政・運動・教育などから独立した民間の部落問題研究機関の必要性であった。

先生は、実態調査の実施時とおなじく、民間研究機関設立への私たちの提起に対して意欲的に対応され、神戸市からの研究受託の見通しも整い、一九七四年四月の「神戸部落問題研究所」創立のときを迎えたのである。もちろん理事長の重責を担われたのは杉之原寿一先生であった。

本格的な神戸市の実態調査から研究所設立までの、先生を囲むいくたびかの重要な打ち合わせ場所は、三宮駅山側角にあった先生お気に入りの喫茶「琥珀」であった。惜しいことに大震災によりあの懐かしい「琥珀」も今はない。

研究所創立時の研究者の方々

「理事長に神戸大学教授・杉之原寿一氏の就任」という幸いな船出となった「神戸部落問題研究所」は、創立時から有力な研究者の方々が手弁当で熱心に参集された。

因みにここに順不同で、肩書きや敬称も略してあげてみると、杉之原寿一・斉藤浩志・杉尾敏明・小林末夫・阿部眞琴・落合重信・前圭一・長谷川善計・大塚秀之・水野武・内田将志・出口俊一・馬原鉄男・鈴木良・塚田孝・布川弘・津高正文・井上英之・村上博光・足立雅子・寺田政幸・徳永高志など数多くの方々のお名前がすぐに浮かんでくる。すでに地道な調査・研究活動に打ち込んでおられたお歴々の方々であるが、それぞれ専門部会を設けて、研究課題に共同して取り組まれた。

ところが設立された年の秋、あろうことか地元兵庫県下の但馬地方においてあの「八鹿・朝来集団暴力事件」という未曾有の大事件を経験した。この事態を受けて研究所は、地元神戸の行政・運動・教育の基本方向―問題解決に関る各分野の固有の領域の区別と関係などの明確化―を明晰判明にする視点を新しく提示するとともに、事件そのものの真実と真相を全国的に発信し、独立した民間研究機関としての使命を発揮しながら、次々と積極的な問題提起を総力挙げて展開していった。

創立して間もない「神戸部落問題研究所」の、このときの自由かつ新鮮・大胆な働きが、全国からの注目と大きな期待を集めることになるのである。創立当初は季刊雑誌であった『神戸の部落問題』もすぐ『月刊部落問題』に改め、会員・読者も急速に全国に広がっていった。

創立後すぐ斬新で分かり易い学習資料『市民学習シリーズ』の刊行も始まり、第一巻となった先生の『新しい部落問題』（後に英訳版刊行）を皮切りに、数多くのヒット作品が登場した。このシリーズは広く読者を獲得し、次々と積み重ねて結局二十数巻にまでにもなった。とりわけこの第一巻は一九八〇年に「新版」、一九八九年に「改訂版」、そして一九九四年に「改訂新版」を刊行し、毎年一万部を超える読者を獲得した（改訂新版の英訳版は部落問題研究所で刊行）。また「市民学習シリーズ」とは別に「ヒューマン・ブックレット」の新シリーズも企画し、これも多彩な企画内容で三〇巻ほど刊行され、人々に幅広く愛読された。

国際都市として世界に開かれた「神戸」を冠した「神戸部落問題研究所」の名称は惜しまれつつも、社団法人の認可の関係で「兵庫部落問題研究所」と改称し、歴史の進展に伴いさらに「兵庫人権問題研究所」へと名前を代えて現在に至っている。

以下、さらに断章風に先生の労作を纏めた大作『杉之原寿一部落問題著作集』全二〇巻の刊行経過を柱に、先生の足跡などを回想してみたい。

『部落問題著作集』第一期全八巻の刊行

いま本誌読者がすぐに思いおこされるのは、部落問題研究所で一九八三年に刊行された五五〇頁の上製本『現代部落差別の研究』であろう。冒頭に収められた「部落差別論」は神戸の研究所創立後すぐ書き始められた記念碑的労作であるが、一九七〇年代から一九八〇年代初めの部落問題をめぐるあの激動のなかでの、先生ならではの学術的論文集であった。

このころ先生は神戸大学在任中で、当時大学院生の学生たち（現在は著名な教授職の方々であるが）と共に兵庫県下はもとより県外の実態調査に出向き、地元の人々や行政関係者と討論を重ねながら調査内容を練り上げ、当時はまだ一部手集計の手間のかかるものもあって、先生は度々大学の社会調査室で寝袋に包まって、泊り込みの作業をしておられた。

こうした部落差別に関わる実態や意識の実証的研究に裏打ちされた先生の「現状研究」「解放理論」「同和行政論」は、「同和対策事業特別措置法」から「地域改善対策特別措置法」へと新しい展開を見せる一九八〇年代初頭の重要な時期と重なり、現場で模索する人々の確かな方向性を示す重要な指針となり、多くの人々の関心の的となった。

ちょうど先生の還暦の時であるが、この労作は翌年（一九八四年）、野呂栄太郎没後五〇周年の「第九回野呂栄太郎賞」を受賞することになり、大きく話題を呼ぶことになるのである。

ほぼ時を同じくして、先生の長年の開拓的な学術的労作を、纏まった著作集のかたちとして刊行する企画がにつまり、『杉之原寿一部落問題著作集』第一期分全八巻の刊行が開始されていく。第一期の刊行案内には、黒田了一・磯村英一・岡映・鈴木二郎・北川隆吉・藤谷俊雄の各氏の顔写真と友情あふれる推薦の言葉を収めることができた。どの方々もいまは懐かしい方々である。

第一期全八巻の最初の第一巻『部落問題の理論研究』は、先の『現代部落差別の研究』を内容的に補充するものであったが、およそ三年間(一九八五年まで)を掛けて第八巻『戦後同和行政の研究』までのすべてを完成させることができた。先生が神戸大学を定年退官されるのは完成の翌年(一九八六年)のことである。

この受賞のときは、社団法人兵庫部落問題研究所の創立一〇周年(一九八四年)と重なり、創立五周年の祝賀のときに倍して、全国から関係者が多く神戸に駆けつけていただいた。

『部落問題著作集』第二期(全五巻)

あらためて確認するまでもないことであるが、一九八〇年代半ばからは、同和対策事業の大胆な「見直し」と「完了・終結」に向けた方向性を明示する、重要な諸課題に直面していた。先生のこの当時の多くの論稿は、専らそれに応える「新しい冒険的な試論」ばかりであった。

特に、神戸における「公営住宅の家賃適正化の取り組み」などの具体的な検討吟味の作業は刺激的なもので、「労働者協同組合」「教育文化協同組合」など新たな実験が開始されていくときでもあったが、先生の著作や講演は、運動・行政・教育それぞれの現場の人々にとってのみでなく、国の基本的な方向性を決定する上でも、重要な貢献を果たすものであった。

先生は神戸大学退官（一九八六年）のあと、翌年に鹿児島大学法文学部の非常勤講師を受けられた以外は大学関係のお仕事につかれることはなく、一九八九年に部落問題研究所の理事長を兼務しながら、一層精力的に部落問題研究と講演活動に打ち込まれた。

それらの成果は、退官後一九九一年までの五年間だけみても、例えば『部落問題用語解説(新版)』『部落問題学習資料(上・中・下)』『新しい部落問題(改定版)』『図説・部落問題をめぐる意識の実態』『部落差別はいま』『同和行政はいま』『国民融合への道』『現代部落解放運動の理論』『部落問題の解決』『部落問題学習資料』など、矢継ぎ早に新著を量産された。

そうした中での『著作集』第二期分の刊行であったが、第九巻から第一三巻まで全五巻—『現代同和行政の研究』『意識と啓発の実証研究』（正・続）『部落の現状調査研究』（正・続）は、一九九〇年からほぼ二年掛けて完成した。

『部落問題著作集』第三期（全七巻）の刊行

神戸においても「二一世紀に部落差別を持ち越さない」という合言葉が現実のこととして確認されるなか、研究所では一九八九年五月、先生を団長とする「アイヌ民族伝統文化調査団」を組織し、北海道内各地のアイヌの人々との交流を深める得難い経験をした。そしてその翌年の正月にも、今度は南の「沖縄平和の旅」を企画実施し、そのときも先生が団長を担われた。

第二期の刊行を終えた二年後(一九九四年)には、研究所「創立二〇周年記念」の年を迎え、研究所近くの「ホテル・シェレナ」において盛大な祝宴を開いた。これにも全国から各方面の関係者が参会され、創立五周年や一〇周年の祝賀のときとは違う、さらに大きな盛り上がりを見せた。あのとき先生は「こうした祝い事はこれが最後だね」と笑みをたたえて語られたことを、いま思い起こす。

祝賀を終えて間もない一九九五年の正月、休日を利用して恒例の「新年特別研究会」を開催した。研究会を終え、長田にある北京料理店「八仙閣」で新年の懇親を済ませた翌朝、あの「阪神淡路大震災」を経験することになったのである。「八仙閣」は全壊となり、私たちがこの店の最後の客となった。先の「ホテル・シェレナ」も全壊・廃業となった。

幸いにも私たちの研究所の所屋は全壊を免れ、多くの方々の温かい支援を受けて研究活動を継続することができたので、続く第三期『著作集』(第一四巻から第二〇巻までの全七巻)の刊行も、予定通り一九九七年五月には刊行を開始できた。

この第三期の作品は、まさに「最終段階を迎えた部落問題」を説得的に浮き彫りにして、神戸市の最後の調査「一九九一年調査」及び総務庁の最後の調査「一九九三年調査」の分析の上に、「同和対策事業」や「部落解放理論」の歴史的総括が試みられ、一九九八年三月には最終巻「部落問題の理論的研究」を仕上げることができた。こうして『杉之原寿一部落問題著作集』全二〇巻という画期的な労作の完成を見たのである。

全巻平均五〇〇頁という大部な箱入り上製本で、本体価格が一五万円近くにもなったが、すべてが完成したとき、喜びのあまり全巻を所屋の屋上にずらりと並べて、印刷所の方たちと記念の写真を撮ったりしたものである。先生にとっては、これは全著作の中の部落問題研究関係の、しかもそこから精選した「選集」であるとはいえ、私たちにとってこれの完成は、まさに感動ものであった。

地元「神戸新聞」なども「全二〇巻の労作完結」と大きく先生のお仕事を写真入で取り上げ、このときも多くの関係者が、三宮の馴染みの四川料理店「マンダリンパレス」に集って、その喜びを分かち合うことができた。

歴史的使命を果たして

先生は『著作集』第三期刊行の途中、体調を崩された。日ごろ健康そのものであった先生が、時折検査入院を必要とする難しいご病気であった。「できれば二一世紀まで生きてみたい」などと弱気なことを、先生は密かに洩らされることもあった。

このとき部落問題解決のための特別措置は一九九七年三月末をもって終了することを予想し、神戸市もそれに歩調を合わせて「同和行政の終結」へと進んでいた。結果的には法的措置は更に五年継続され二〇〇二年三月末までとなったのであるが。

こうした歴史的経過をふまえ、研究所は二〇〇一年二月末には、長く住み慣れた神戸市中央区の三階建ての所屋を閉じる決断を行い、長田区の兵庫人権交流センターに移ったのである。本稿の冒頭にもふれたように、創立以来収集してきた大切な図書・資料をすべて、兵庫県人権啓発協会へ寄贈移管したのは、二〇〇一年一月のことである。

人権交流センターに移転した四月の通常総会では、定款変更を行って名称を「兵庫人権問題研究所」に改め、機関誌「月刊部落問題」も翌二〇〇二年一月号から装いも新に「月刊人権問題」に改題した。

またご記憶の方もあると思われるが、二〇〇二年四月に京都の部落問題研究所の理事長を退任された折に、「杉之原寿一先生の労に謝する会」が「からすま京都ホテル」で持たれ、杉之原先生ご夫妻をお迎えしての盛大な集いがあった。このとき先生は八〇歳をお迎えの頃である。

最後の労作『神戸市における同和行政の歩みと同和地区の実態の変化』

研究所創立以来、毎年神戸市から受託してきた調査研究活動も、二〇〇三年度をもって当初の研究計画をすべてやり終え、毎年夏期六週間、午前午後の一二講座を開講してきた「部落問題研修講座」(二〇〇二年度から「人権問題研修講座」)もこの年度をもって終了させた。

しかし先生には、どうしてもやり遂げて頂かねばならない大きなお仕事が残されていた。それは毎年積み重ねてきた「神戸市における同和行政の歩みと同和地区の実態の変化」に関する総括の仕事である。関連する研究成果物は膨大であり、地域の歴史をはじめ運動・行政・教育にわたる歴史資料も大量であるが、せめて先生の担当分野だけでも、著作として仕上げていただく必要があったのである。

先生はしかし、私たちの期待をすでに先取りして着々と準備をしておられ、二〇〇三年四月には、Ｂ５判五八六頁の『神戸市における同和行政の歩みと同和地区の実態の変化』として見事に仕上げられた。この著作は、先生が長年ホームグラウンドとして調査研究されてこられた客観的な資料にもとづいて取りまとめられたもので、巻末の「資料編」には神戸市の「同和対策関係条例・規則等目録、同和地区関係文献資料目録、同和対策関係文献資料目録」と「神戸市同和行政史年表」も収められた大変便利なものである。

私たちにとってこの一冊は、部落問題の解決に関わった神戸の関係者すべてにとって、最後に残して下さった先生からの大きな贈り物である。

本書は兵庫人権問題研究所刊として出版したが、経費のすべてを先生の持ち出しで完成された。しかもこの著作は、多くの関係者に著者からの贈呈本として届けられた。私たちはこのときも感謝をこめて、馴染みの「マンダリンパレス」において、完成のお祝いをすることができた。

兵庫人権問題研究所理事長の退任（二〇〇五年三月末）

愈々先生の体調も勝れず、神戸まで足を運ばれるのも難しくなる。元町の事務所においても、神戸駅から事務所まで、そして事務所の玄関から二階にのぼる階段も一休みが必要であったが、人権交流センターに移ってからはいっそう苦しそうにしておられた。それでも医師の許可を得て、神戸まで足を運んでいただいていた。

二〇〇四年六月、先生から「社団法人兵庫人権問題研究所の解散について」という提示を受ける時を迎えた。それはすでに二〇〇〇年段階から、毎月の運営委員会や理事会などで、重ね重ね思案を重ねてきた事案であった。

それは「二〇〇五年四月末を以って社団法人としての研究所を解散する。解散後は、兵庫人権交流センター内に『研究調査室』を設置し、研究所の残務処理並びに研究会は継続する。そして研究所の付属機関である『ＮＰＯまちづくり神戸』は独立して活動を継続する。『解散レセプション』は行わず、法人解散上の会計処理を行い『研究所の三〇年史』を纏める経費に当てる」という提案であった。そして全国の会員・読者に親しまれた『月刊人権問題』も、二〇〇五年三月号（通巻三三九号）をもって終刊することを決断した。

しかし二〇〇五年の通常総会を準備する直前の理事会における議決は、「研究所の解散」ではなく「新たな体制を整えて継続する」ことになった。

先生は予定通り二〇〇五年四月末をもって、理事長の職務を退任され、裏方の私もこのとき先生とともに事務局長を退任した。すでに二〇〇〇年度より嘱託、二〇〇四年度より自由の身であった。

退任されたあと先生は、二〇〇六年一月四日、研究所恒例の新年研究会に出席されお話をされた。これが最後ではないかと予測して、密かにお声を録音していたが、話の内容は兵庫県における戦後の複雑な部落解放運動に関するもので、「金子念阿」のことなど取り上げて「運動と行政」の当時の奇妙な関係を解きほぐす興味深いお話であった。これが神戸の研究所の関係者にとって先生との最後の出合いとなった。

尽きない思い出ばかり

先生は、部落問題関連のお仕事の他に、日本社会学会評議員常務理事や同評議員、日本学術会議会員や文部省学術審議会専門委員、神戸大学文学部の部長や神戸大学評議員など、多くの役柄を担ってこられた。

そうした役柄を引き受けながら、神戸の小さな研究所に足を運び、取り留めのない私たちの問いかけにも興味を示し、研究会や会議の後の「別の会議」に付き合われ、遅い電車で京都・修学院の自宅まで帰っていかれた。

全国から相次ぐ講演会や学習会の依頼にも、先生は貴重な時間をさいて、快く応じて、自由な意見交換を楽しまれた。そして地域から次々と難題が降りかかるなか、先生はいつもそれに熱心に耳を傾け、全身全霊でお応えになる応答者であられた。研究者である先生には、運動・行政・教育など幅広い分野に多くのファンがついていた。

研究所の苦しい財政運営にも、いつも慌てず「遠望楽観」、私たちは先生がおられるというだけで、安心しながら仕事ができた。先生の仕事ぶりも敬服するばかりであったが、そのお人柄と学問的な情熱の意気に感じて、先生のもとで仕事に打ち込めたことは大満足である。「労働牧師」の実験をゴム工場ではじめながら、その途上でこういう人生が待っていたとは、予想もつかなかったことであったが、先生のもとで過ごせた日々は、何の悔いるところはない。

先生のお誘いに乗って、あつかましくも修学院のお宅にまで伺い、奥様のあたたかいおもてなしを受け、度々泊めても頂いた。私が牧師であるからであろうか、聖書のことばに「貧しき者は幸いなり」とあるが、その意味合いが良く分からないと真面目なお顔で尋ねられて、おかしなやりとりをしたり、私からはまた「先生の差別論は、さらに積極的な解放論を背景にした差別論を展開されれば、一層説得的ですね」などと、少し批判めいたことを申上げると、「それが自分にはいま難しいんだ」と、これもまた学問的誠実そのままに真剣なお顔で語られたりしたことなど、先生のご自宅での深夜まで尽きる事のない雑談もまた、私の楽しみの一つであった。先生は、学者としての真理真実に開かれた頑固さを崩さず、厳密な批判的な論争を重ねられたが、いつも質問者に対して聞く耳を持つ「開かれた対話的関係」を大切にしてこられたお方であった。先生が大きなお仕事をなし終えてその生涯を閉じられた昨年の夏は、百歳近かった私の母も、時を同じくその歩みを終えていたが、ある夜夢のなかに、先生が穏やかなお顔で微笑み、小鳥と遊んでおられる、とても不思議な場面が登場した。母の夢ではなく、先生の夢を見るというのもまた面白いことであるが、杉之原寿一先生の「回想」は、いつまでも尽きる事はないようである。

付記

個人的な研究課題に関わることであるが、研究所の責任を解かれてから、専ら「賀川豊彦」関連の学びを楽しんでいる。先生の所蔵図書・資料のなかに、賀川の著書はもとより、彼の活動拠点であった神戸市内の特に私自身の生活の場ともなった「葺合新川」と「長田番町」に関連するものも多く、賀川豊彦関連の三冊目となった『賀川豊彦の贈りもの』を完成できたのもそれらのおかげである。生前この拙い著作を届けて、過分のお褒めをいただいたのも有難かった。

神戸の新しい賀川記念館は昨年（二〇〇九年）一二月に完成し、本年四月「賀川ミュージアム」もオープンするので、先生の蔵書・資料の一切が地元神戸にあることは、賀川関係者にとってもたいへん有難いことである。

現在、研究所とは疎遠になっているが、神戸人権交流協議会の「安心・しあわせネットワーク」「ＮＰＯまちづくり神戸」や「高齢者生協」など昔ながらの交流をはじめ、神戸市外国語大学や甲南女子大学での自由な講義や青春時代から毎月続く「神戸自立学校」での滝沢・延原両先生の著作を学ぶ読書会、そしてただ今賀川関係の学習など、相も変らぬモグラ暮らしを満喫している。先生との四〇年ほどの歩みがあって、いまがあることを、あらためて思い巡らしつつ、先生への深い謝意をこめて、近況報告を添えて付記とした。

（雑誌『人権と部落問題』二〇一〇年二月特別号に寄稿）

第十章　朝日新聞の連載「差別を越えて」を読む

朝日新聞の夕刊「ニッポン人脈記」の連載「差別を越えて」（二〇一〇年一月一九日〜二九日まで一〇回）がありました。わたしにとっては初体験ですが、この連載の執筆者である臼井敏男さん宛に、個人的な感想を幾度かにわたってメール便としてお送りしておりました。感想はメールで送るようにメールアドレスが記されていましたので、思いつくままに書き送りましたが、連載期間中筆者からの応答はありませんでした。連載された本文がなければ、わたしのメール便だけでは面白みが出ませんが、問題の所在と批判的論点は理解いただけると思います。

二〇一〇年一月一九日

昨日の夕刊「差別を越えて」第一回を読みました。「紙ふうせん」と地元の方とのかかわりや地元の女性たちのいまがよくわかりました。「被差別部落はどう変わり、部落の人たちはどんな思いを抱いているのか。各地をあるいた」とされる今回の記事も、大変興味をもって読み始めています。

ただひとつ基本的なことで気になりますのは、最初のところにお書きの「京都市の被差別部落に住む…」

という書き方についてです。地元の方の中でも、今回取り上げておられるのが「部落解放同盟女性部」ということですから、現在もご自分の街を「部落」「被差別部落」として捉えて、記事の中にある「在所の浴場」のことも語られていることは、それとして理解できるとしましても、朝日新聞のこの記事の中で「京都市の被差別部落に住む…」という書き方は、どうなのでしょうか。長期にわたる同和対策事業がすでに完了して八年ほどにもなって、いまでは「被差別部落」を言う場合、少なくとも「かつて被差別部落とよばれた」とか、「同和地区」という場合も「旧同和地区」とか、表現は工夫のいるときを迎えていると思われます。今回、どのような場所を取材されたのか存じませんが、「差別を越えて」というタイトルであるだけに、旧来とはちがう一歩踏み込んだ新しい工夫がいるように思いましたので、感想をお送りしてみました。続きを楽しみにしております。

一月二〇日

第一回に続いて第二回を読みました。四六歳の角岡さんの著作はわたしも読んでいますが、二七歳の川崎さんと三一歳の川口さんのことは、この記事ではじめて知りました。

第一回の感想として「被差別部落」という属地の位相のことにふれましたが、今回は三人の「部落出身」という属人の位相のことを、どう見るかを考えさせられました。角岡さんは関西学院で学生時代の「部落解放研究会」の経験があったと思いますが、山崎さんは大阪市立大学での講義で、川口さんは桃山学院大学の「部落解放研究会」での経験が大きいようで、二一世紀を一〇年経過した今も「部落出身」という属人の位相での問題を引きずっているわけですね。こういう記事を読みますと、二〇年近くも前、一九九二年八月に中上健次さんがお亡くなりになったときに、吉本隆明さんが新聞に寄稿されていた短い追悼文を思い起こします。それは、こんな文章でした。

「彼の生前には照れくさくていえなかったこと」として、「島崎藤村が『破戒』で瀬川丑松を借りて、くちごもり、ためらい、おおげさに決心して告白する場面としてしか描けなかった被差別部落出身の問題を、ごく自然な、差別も被差別もコンプレックスにはなりえない課題として解体してしまった…中上健次の文学が独力でためらいも力みもなくやり遂げてしまったことで、その思想的な力量はくらべるものがない。なぜかといえば、いまでもわたしの思想的な常識では被差別部落の問題は、外部からするひいきのひきたおし的な同情か、内部からするいきすぎた反発によって、差別の壁を高くすることもあったからだ。中上健次の文学は始めて、ベルリンの壁のようなこの差別・被差別の壁を解体して、地域の自然な景観の問題にかえした…」

一九六〇年代の一部の人々の「部落民宣言」の頃を思い起こしますが、「差別を越える」越え方は、記事のようなあり方もあれば、あの当時からすでに、吉本氏の指摘されたようなものも珍しくありませんでした。私自身は一九六〇年代から、いわば吉本風でしたから、あれから半世紀をへてもなお、今回のような記事が登場したりしていることに、あらためていま残された「部落問題」を考えさせられてしまいます。

以上、二度目の記事の取り留めのない感想です。

一月二一日

今回の「木偶」「太鼓」に関わる伝統芸の記事、興味深く拝見しました。昔、一九六〇年代から七〇年代、山口県光市の「周防猿回しの復活運動」に没頭された村崎義正さんや丸岡忠雄さんたちの活動と重ねて読みました。当時みなさんは出稼ぎの「猿回し」の歴史を調べ歩き、聞き取りを重ねて、新しい復活運動に意欲を燃やしておられました。そして単に「部落」のというのではなく、広く日本の伝統芸能の継承と復活にむけた交流運動を重ねておられました。永六輔さんや小沢昭一さん、そして宮本常一さんなどとご一緒に、大変興味深いお働きでした。村崎さんも丸岡さんも、すでにあの時代にあって「差別・被差別」「部落・非部落」といった思考枠を越えて、この取り組みをされていて、ごく自然にそうした広い交流が広がっていました。今回最初にご紹介の「箱回しの復活」は、そういう面白さなのかもしれませんね。その意味では、記事の中にわざわざ「中内と南は部落の出身ではない」などというコメントをいれられるのも無意味なものですし、「地元で生まれた辻本…」ということも、今日無用のことだと思いますね。

この「復活運動」は、「部落」云々ではなく伝統芸能・郷土芸能の貴重なひとつとして継承されていると見てよいのだと思います。それはまた、沖縄の若者やカナダや韓国の人々との交流の中から育っているという大阪浪速の太鼓集団「怒」も、部落差別の残されていた二〇世紀の長い闘いの歩みをへて、二一世紀という新しい時代の中で、ますます「太鼓打ち」の腕を磨き、「部落」の枠を越えた仲間たちと共に、広い「共働共創社会」の形成に主体的に参画していくのでありましょう。それにはやはり、「太鼓打ち」や「太鼓職人」自らが「差別・被差別」「部落・非部落」という位相を根底から抜け出ているのでなければ、単なる

「怒」からではうまくはいかないことははっきりしています。
さて、次回第四回はどんな「人脈」がでてきますでしょうか。

一月二二日

今回の見出しにされた「夢は屠場のマイスター」ということば、いいですね！　かつて「屠場」という言葉さえもが忌避され、「差別語」扱いされてきたあの頃とは大きな変化ですね。しかし二一世紀に入ってからも食肉業界をめぐる牛肉産地偽装事件など明るみに出、五・六年前であったか京都や大阪、奈良などで公務員で現業部門の不正常な実態が次々クローズアップされ、遅まきながら関係する自治体や組合が是正に乗り出したことも忘れることはできませんが、今回取り上げられたお二人の仕事ぶりは、なかなか前向きで頼もしい側面が見られますね。この分野の変わり行く実像は、あまり正しく伝わりませんが、労働組合の経験と共に作業員でもあるお二人の言葉は、時代の大きな変化を写すものとして、注目させられました。

五二才の岩本さんが語られるように「屠場は部落産業としての成り立ちがある」が、今はかつての「部落」の枠を越えて、安定した公務員労働者として働いておられますし、同い年の栃木さんも「ぼくらの仕事はほめられるものでも、けなされるものでもない。普通の仕事なんです」と語られ、岩本さんも「三〇歳の時、屠場に就職…普通の仕事と思っていたし、その考えは今も変わらない」と語られています。

しかし今回の記事の中で、「屠場で働けば、部落出身者であろうとなかろうと、部落出身者と見られ、差別を受ける。屠場への差別の表れ方は職業差別だが、根っこにはケガレ観と部落差別がある」と栃木さんは語られ、岩本さんも「大阪では部落差別イコール屠場差別なんです」「地区外の人とどこが違うねんと思って」自分が「部落出身であることを隠さない」とも記されています。やはりご両人ともなお「部落出身」や「部落差別」ということに、無用のこだわりを残しておられることには、偽りのない言葉であるだけに、わたしにはいっそうの違和感を残しました。それは恐らく、記事をお書きの方ご自身の「部落問題理解の問題」でもあるでしょうけれども。ともあれ、再度申しますが、残された「差別」を足元から吹っ飛ばすような今回の見出し「夢は屠場のマイスター！」これはいいですね！

さて次回はどんな人脈なのでしょう？

一月二八日

この度の「人脈記」の連載「差別を越えて」を第一回目から読みはじめ、そのつど短い読後感を第四回目まで、メール便として送りました。こういう経験は、私にとって初めてのことです。「被差別部落はどう変わり、部落の人たちはどんな思いを抱いているのか。各地をあるいた」とされる今回の「人脈記」に興味と期待をもって読み始めたからです。期待通りこの連載は、丁寧に「被差別部落」に足を運ばれ、ひとに出会い、さらに問題解決に関わってきた関係者たちを広く訪ねて聞き取り、こんにちの一断面を映し出されていました。その意味では、毎回の連載は興味深いものがありました。ところであの後、仕事関係や体調を崩したりして連載記事を読めませんでしたが、ただ今、第五回目から昨夕の第八回目まで四回分をまとめて読みました。

この連載にはいずれ「猿回しの村崎太郎」も登場するなと思っていましたら、七回目でしたかに取り上げられておりました。彼の高校時代、もう今から四〇年以上も昔のことですが、大学進学を断念し、父親（村崎義正さん）や丸岡忠雄さんなどの熱い期待に応えて、自ら「猿回し復活」に打ち込む決断をした丁度あのとき、ご自宅で一度彼に会ったこともあるものですから、村崎夫妻の書き上げた近著二冊も読んだりしておりました。そのことに関する直接の感想は今申しませんが、この四回分を含めた、今回の「差別を越えて」を主題とする連載に対する率直な感想を、ここで短く記しておきます。

私の疑念はふたつあります。ひとつは、全体を貫いて「被差別部落」「部落出身」という事柄にいま、なぜかくもこだわり続けるのか、その認識の基礎に見逃すことの出来ない欠陥がありはしないのか、という根本的な疑念、それが第一です。そして第二の疑念は、「朝日新聞：ニッポン人脈記」という紙面において、「被差別部落」を特定し、「部落出身」であるなしを区別して記述する手法自体の問題性です。

まず第一の問題性に関して、端的に記します。今回の連載に限らず一般に、「部落」か否か、「出身」か否かを最初に考えて、その対立項からものを考える習癖があります。第二回目の感想でしたか、吉本隆明さんが新聞で、中上健次さんの追悼文に「（山上健次は）被差別部落出身の問題を、ごく自然な、差別も被差別もコンプレックスにはなりえない課題として解体した…」というような文章を引用したかと思います。吉本さんの場合、確かに現れた「差別・被差別関係」の位相からだけ「現実」を見て、そこから認識と実践を云々しはじめてしまう落とし穴の問題性を痛切に自覚され、「差別・被差別関係」なるものを、木っ端微塵に解体してしまう、確かな土台が万人のもとにあることを、吉本さんなりに気づき、こんな文章も出てきているのだと思います。少なくともそうした基本感覚を大切にして歩んできた方ではないかと、私は思います。

しかし普通、人権といっても、平等・自由といっても、それは単なる理想や観念でしかないとして、肝心な自由・平等の事実性に基づく基本感覚を欠いていて、歴史的・社会的に虚偽形態として作り出してきてしまった「部落」「出身」ということを、固定的・運命的に捉えてしまう見方から根本的に脱しえないでいると見るのですが、どうでしょうか。私はこの基本認識・基本感覚を息づかせ、取り戻せるかどうかは、これまでもそうでしたが、今後もとても大きいと思っています。これはなにも、部落問題の解決に関わってのことだけのことではないのですけれども。

次に第二の疑念―今回の「ニッポン人脈記」で「被差別部落」を特定し、「部落出身」ということを記述されることについてです。「朝日新聞」という紙面において、このような「特定」は、二一世紀の今、特に三三年間もの長期に及んだ特別法のもとで、延々と同和施策が継続実施され、二〇〇二年春漸く完了終結し、さらに八年もの歳月を経過した今、私にはやはり、歴史の流れを無視した時代錯誤のおかしさを感じさせてしまいます。

「朝日新聞」は昔一九六〇年代の「部落問題」の取り上げ方に限ってみても、どこか時代を先導し、明日を先取りする「新しさ」を感じさせるものでした。私のいくらかの贔屓目かもしれませんが。しかし、特に七〇年代以降の、部落解放同盟によるマスコミ界への「確認糾弾」を契機に、特定の運動団体への安易な迎合記事が目立ち始め、同じ土俵に乗った固定した視点から自由になれていないのでは、という感想を持ち続けてきました。今回の連載は、従来とは違う新しさが伝わって来ましたが、上記のような疑念は残ってしまいました。

一月三〇日

昨日の一〇回目をもって「差別を越えて」の連載が終了したようです。「差別の越え方」は場所により、人によって、また時代によって様々であることが分かります。私の場合、「六〇年アンポ」の学生の頃から「出合いと対話」が基本語になって、一九六八年以降狭い我が家を「番町出合いの家」と呼んで（「これは固有名詞ではなく普通名詞です」などと自認しながら）愉快にやってきましたが、そういえば昔、神戸でも「出身」云々を唯一の尺度でもあるかのようにして人を見る教師の方たちがいて、無用の壁を新たに築いていたことを回想します。実際のこととしては、それでは本来の「まちづくり」（社会性）も、「友情」や「家族」（対人性）という関係性も、まして肝心要の一人の人間としての本来の自立（一人性）もおぼつかないことではあるのですけれども。当時はしかし、そういう過熱した熱気にほとんどの場合、適切な省察を加える余裕をもちえませんでした。

この連載とは関係ありませんが、これも昔一九六〇年代、二〇歳の頃から「山谷ブルース」「チューリップのアップリケ」「手紙」などで「フォークの神様」などと呼ばれて人気を博した岡林信康さんが、最近「レクイムー麦畑のひばり」の新作で話題を生んでいます。いまはむかし、私たちの「番町出合いの家」の生活を追った番組「ドキュメンタリー青春：やらなあかん！　未解放部落番町からの出発」（朝日テレビ：一九六九年二月放映）の製作の折は、超多忙の中を、岡林さんはギターを持って上記のうたを吹き込むなどして貰ったことがあります。いまではこの白黒三〇分番組のフィルムは、岡林さんの青春の記録として大切なものになっています。また、部落問題をめぐる疾風怒涛の混乱した長い期間、それらのうたたちは「放送禁止リスト」の上位を占めてきたことは、記憶に新しいところです。しかし、時を重ねた二一世紀の今、岡林さんもコンサートなどで、当時のうたを歌い始めています。来週あたりはＮＨＫの「ＳＯＮＧＳ」に登場するとかの予告もありました。

ともあれ、今回の連載を読んで、過去を回想しつつ、時代と社会は新しく一歩も二歩も、大きく踏み出していることを確かめる機会にもなりました。インターネットの時代、夕刊の紙面にはメールでの感想を求めておられたこともあり、取り留めのないコメントを送り続けてしまいました。礼を失したこともあるかも存じませんが、ご容赦いただきたく存じます。

益々のご活躍を！

以上、取り急ぎこれで。

番町出合いの家牧師　鳥飼慶陽

付録

付録1　父の遺骨ひとつ

（手作りパンフ『水の音』一九九六年四月発行所収。「番町出合いの家」は震災で全壊し、仕事場の倉庫で過ごしていて、そこで版画家の岩田健三郎さんのスケッチ画を『いのちが震えた』という絵本に仕上げさせていただき、そのときの発行元を「小さな出合いの家」と名付け、数冊の絵本を刊行しました。この「水の音」の命名は、畏れ多いことながら、芭蕉が仏頂和尚の許に参禅した折、「青苔未だ生ぜざる時の仏法如何」ときかれたことへの禅的応答であったといわれる「古池や蛙飛び込む水の音」の句から頂きました。）

今年（一九九六年）三月、ＮＨＫ総合テレビで山崎豊子原作の長編「大地の子」が再放映された。相方は既に原作を読み、先のテレビ放映の折にもいたく感動していた。そして今回の再放映も全部見るのだという。そして、わたしにも絶対いっしょに見るよう強要されるハメになった。というのも、わたしの場合、わたしたちの家族もひょっとして、この主人公と同じ運命に巻き込まれていたかもしれないという、似たような過去があったからである。

父（鳥飼　元《はじむ》）は明治生れの男であるが、ちょうど戦前・戦中期が青壮年期で、敗戦の前に「満州」で病没した。三六歳の若さであった。父は、鳥取県の片田舎・静かな山のいで湯で知られる「関金温泉」が近くにある、そのころ南谷村大鳥居というところの農家の長男であった。

鳥取の「高農」を出て、昭和七年に二三歳で河本邦子と結婚した。学生時代から福田蘭堂に師事し、尺八を愛好したようであるが、当初いくらか大規模に羊や鶏を飼い、ウドを育て、コイを飼うなどして生計を立てていた。数年後、同じ東伯郡内であるが、美しい東郷湖や温泉で知られる松崎町の「青年学校」（これは当時の実業青年学校かとおもわれるが）の教師として妻子を連れて赴任した。そしてまた暫くして、生家の近くの「修練農場」（現在の農業大学）の教師となったが、おりしも昭和一一年、広田内閣の時、百万戸・五百万人の「満州移住計画」が国策として立てられ、父はこの国策の誘いに乗ることになるのである。

三カ月余りの期間「満蒙開拓団」の農業指導員としての特別の訓練を国内で受け、妻子を連れて釜山経由で「満州」の奥地「密山県城し川」という場所へ赴任した。当時、教師の給料が三〇円ほどであったが、開拓団のこの指導員の仕事に対しては三〇〇円という破格の高給が払われたようである。

母はその後、昭和一二年に次男を、昭和一五年には三男のわたしを産み、その出産の度ごとに子供をつれて帰国するなど、その間幾たびも釜山経由の長旅を経験した。

父は昭和一四年ごろ、当地で関東軍の現地招集を受け、三カ月余りの厳しい入隊訓練を受けた。この軍隊での訓練は、父にはよほどきつかったようで、このときに不治の病として恐れられていた肺結核に罹ってしまうのである。しかも、生れたばかりのわたしまでも幼児結核になり、余命三年と医者に診断された。そこで、一家五人はやむなく病気療養のため、昭和一六年に帰国せざるをえなくなった。

わたしはまだ二歳にもなっていない頃であるが、両親は、帰国して間もなく、結核という魔病の回復祈願のため、わたしを背負って「小豆島巡礼」にでかけた。小豆島の八十八ケ所の巡礼は、現在でもマル一週間を要する行脚であるが、毎日朝五時ごろには起きて宿坊を出発し、夕方五時頃まで次々と巡拝して歩きつづけるのである。多くの難所も含まれているので、両親はまだ若かったとはいえ、大変な苦行でもあったようである。

特にその頃すでに父は、病気の方が随分進行しており、たびたび道端で立ち止まり、休息をとりながらの巡礼の旅であった。父はこのあと三度の巡礼を敢行した。そして母は、これを皮切りにナント毎年二〇年間、小豆島の巡礼を欠かすことはなかった。

結局しかし、父の病気は回復の見通しはなく、昭和一八年の或る日、身柄ひとつで、しかも妻子には何も告げずに「家出」し、再び「満州」へ旅立ってしまった。母の言うには、父はステテコのままこっそりと出ていってしまった。父はその後一年近くも行方がわからず、連絡も取れなかった。この父の行方不明の間に、父の実母が亡くなり、母がその葬儀の一切を取り仕切った。

こうして、父からの連絡を待つ母のもとに、父は河南省の「開封」という場所で「合作社・顧問付」という役職を得て仕事をしているとの連絡が届いた。しかし、それも束の間、結核の悪化で、奉天にあった「鉄路病院」に入院した。

昭和二〇年三月二二日、父はこの病院で死亡したが、その一〇日前、母は病院で父と再会し、その最期を看取ることができた。母は当地で「合作社」による葬儀も済ませ、父の遺骨ひとつを抱えて、戦火をくぐり抜け、奇跡的に帰国することができた（葬儀の写真は今も母が大事に持っている。会葬者名簿には合作社の日本人と中国人の名前が連なり、弔辞には関東軍の代表まである）。

わたしは末っ子で、幼なかったこともあって、父の記憶は何もない。仏壇の上に飾られた父の遺影でその面影を知るだけである。

しかしただひとつ、いまも鮮やかに記憶に焼き付いていることがある。それは、母が仏壇の前に三人の子供たちを集め、父の遺骨を開いた時のあの様子である。暗い夜、ローソクの明りで、みなが涙を一杯にして泣いていた。そして、わたしも同じ様に泣いたという場面が、はっきりと脳裏に刻まれている。

今年（一九九六年）三月の父の命日に、今すでに年老いた母と三人の兄弟が、初めて揃って小豆島への旅をした。上記の多くは、その旅のなかで、母や兄たちから確かめることのできたことの一部の忘備録的なメモである。

わたしにとっては、余命三年といわれたいのちが、幸いなことに、いまだに生き延びさせてもらっている。父は三六歳で亡くなったが、それもはるかに越えてしまった。はじめから「余録」のような人生とはいえ、今回の「小豆島の旅」は、父のことをあれこれおもいめぐらす旅であった。

父が夢見た「満蒙開拓団」とは何だったのか、あの「合作社」で、父はどんな仕事・働きをしてきたのか、父の一生は短かったが、何を支えに、何を目標にして生きていたのだろうか、わたしの名前は当地で父が尊敬していた「慶王」という方にあやかって「慶陽」と名付けてくれたようであるが、あの場所で当地の人々とどんな関係を結んでいたのだろうか、などなどのことは、わたしは物心ついたころからの問いでありつづけている。最近知ったことであるが、中国には「慶陽」という場所があるようである。

このたびは、父母がいつも遍路の起点として定宿としてきた土庄の「二十四の瞳」の銅像のすぐ近くの「長栄堂」の前を通り、難所のひとつとされる「恵門の滝」という札所まで行き、絶壁の中腹に建てられた御堂まで上ったりもした。そこではとくに、父がかつて巡拝したおり使った「鳥飼　元《はじむ》」という名前人の金剛杖を、母が自分の杖と一緒に納めたいというので、長い間わが家に置かれたままになっていた「同行二人」「南無大師遍照金剛」と記されたこれらの杖をここに納めた。そのほか「笠が滝」とか「清滝山」などを巡ってきた。そして今、小説『大地の子』の文庫本四冊を読みすすんでいるところである。

※

実は、はじめ「憲法」についてメモるつもりであった。「日本国憲法」が戦前のわたしたちの罪責の上に立って新しく制定されたものであることを記すその枕に、父のことを少し取り上げてみるハズであった。考えてみると、わたしたちの小学校教育は、幸いにも戦後教育のはじめであったが、この「新しい憲法」はみるみるうちに骨抜きになっていく歴史でもあった。「戦争放棄」は言うに及ばず、「民主主義」「基本的人権」「自由」「平等」といったすべてが、いかにも空々しいものに感じられた。「法」が真に「法」として、ひとや自然のいのちを保ち生かしつづけるものであるためには、根本的で確かな何かが、わたしたちの足下で新しく再発見されるのでなければ、新しい何ものも、本当のところ始まらないのではないか。

付録2　『賀川豊彦著作選集』第三巻『一粒の麦』『乳と蜜の流るる郷』へのコメント

賀川豊彦は、明治二一年に神戸で生まれ、昭和三五年に東京の自宅で七二年の生涯を閉じました。没後すぐ『神はわが牧者《ぼくしゃ》—賀川豊彦の生涯と其の事業』（イエスの友大阪支部）が編まれ、その巻頭には、評論家として知られる大宅壮一の「噫々、賀川豊彦先生」というタイトルで、次の名台詞がおどりました。

「明治、大正、昭和の三代を通じて、日本民族の最も大きな影響を与えた人物ベスト・テンを選んだ場合、その中に必ず入るのは賀川豊彦である。ベスト・スリーに入るかもしれない。西郷隆盛、伊藤博文、原敬、乃木希典、夏目漱石、西田幾多郎、湯川秀樹などと云う名前を思いつくままにあげて見ても、この人達の仕事の範囲はそう広くはない。そこへ行くと我が賀川豊彦は、その出発点であり、到達点でもある宗教の面は言うまでもなく、現在文化のあらゆる分野に、その影響力が及んでいる。大衆の生活に即した新しい政治運動、社会運動、組合運動、農民運動、協同組合運動など、およそ運動と名のつくものの大部分は、賀川豊彦に源を発していると云っても、決して云いすぎではない。」と。

昨年暮れにBS朝日「昭和偉人伝」でも「賀川豊彦」が取り上げられていました。昭和六三年には「賀川豊彦生誕百年」を迎え、平成二一年には「賀川豊彦献身百年」を記念して、それぞれ大規模な記念事業が展開され「賀川ルネサンス」の盛り上がりをみせました。

戦前（昭和一二年）賀川が米国で行った講演「キリスト教的友愛と経済再建」が世界二五カ国で出版されていたものが、七三年の時を経て『友愛の政治経済学』（監修：野尻武敏、翻訳：加山久夫・石部公男）として日本生活協同組合連合会より刊行されたり、彼の代表作『宇宙の目的―Purpose of Univers』（昭和三三年、毎日新聞社）が、平成二六年になって『Cosmic Purpose』（Cascade Books）として世界にお披露目となるなどしています。

賀川豊彦は、戦後間もない昭和二二年と二三年に、二年連続でノーベル文学賞の候補にあがり、さらに昭和二九年から三一年には、三年連続でノーベル平和賞の候補にあがったこともひろく知られています。

本巻には賀川豊彦の円熟期ともいえる四〇代の名作ふたつが収まりました。ひとつは、昭和六年二月に講談社より刊行された『一粒の麦』、もひとつはその四年後、昭和一〇年に改造社より刊行された『乳と蜜の流るる郷』です。

最初の小説『一粒の麦』は、昭和四年一一月より雑誌『雄弁』に掲載開始され異常な反響を呼びました。

「憂鬱な日本を救ふ道はあるだらうか？　私は、そんなことを考へながら、都会に、貧民窟に、また農村に、魂のうづきを感じつつ歩いて廻った。（中略）私は農民福音学校を開いてから、もう四年になる。一緒に同じ鍋から飯を食った四十余人の同志達は、全国各地に散って、みんな一粒の麦の努力をしつつある。（中略）ああ、今日われわれに欠けたるものは、神に対する愛と、困苦を突破する信仰である。私は日本の山奥に埋もれた麗しい物語を思い出しながら、日本の行く末を、この物語のうちに発見せられんことを、私の愛する読者たちに要求したいのである。」（序）

因みに手元の原本は、初版発行後ひと月余りのうちに六七版を数えたもので、この版は二二〇版を重ねたといわれています。

賀川豊彦は杉山元治郎と共に大正一一年に日本農民組合を創立させ、四年後の大正一五年には兵庫県武庫郡瓦木村（現在の西宮市）に移住して「日本農民福音学校」を開校しますが、その売り上げでこの場所に本格的な学び舎をつくり「一麦《いちばく》寮」と名付けました。

最近のことですが、昭和七年に封切されたサイレント映画「一粒の麦」の一六ミリフィルムが神戸映画資料館でみつかり上映会が開かれました。神戸大学の板倉史明先生によれば、「この映画は当時の記録から日本語と英語併記の字幕だったとみられ、二箇国語の字幕は、戦前の日本映画では他に例を知らず、賀川の国際的活動を前提に、当初から海外上映を考えていたのではないか」と解説しておられました。あらためて賀川豊彦の年表をめくってみますと、「昭和一〇年一二月九日　ＪＯＡＫより劇『一粒の麦』放送あり　同年一二月　小説『一粒の麦』歌舞伎座にて日本俳優学校生徒上演」と記された個所もありました。

ところでこの小説『一粒の麦』は戦後（昭和二二年）、読売展望社（木村毅）によって複版ができました。これは木村荘八画伯の素敵な装丁で、本文も読みやすく仕上げられ、このときも「甚大な世間的反響があった」といわれます。本書はその後、昭和二八年には社会思想研究会出版部の現代教養文庫の一冊に加えられ、昭和五八年には新漢字・現代仮名遣いにして「新版」もできて広く読み継がれ、平成一九年にも「賀川豊彦『一粒の麦』を再版する会」によって、日野原重明先生の「序文」の入った『再版　一粒の麦』も出版されました。しかし現在では社会思想社は廃業となり『再版　一粒の麦』も品切れになっています。

さて、本巻に収められたもうひとつの長編小説『乳と蜜の流るる郷』は、昭和九年から翌年にかけて、農村向けの月刊雑誌『家の光』（菊判八八頁）に二四回にわたって連載され大好評となり、連載の完結を待たずに、昭和一〇年一一月に、改造社から刊行されました。改造社というのは、賀川のあの出世作『死線を越えて』の三部作をはじめ、『生存競争の哲学』『空中征服』『雷鳥の目醒むる前』『雲水遍路』などを刊行していました。

雑誌『家の光』は「家庭から協同の心を育むことを目的とした家庭雑誌」として、大正一四年にＪＡ全中の前身である産業組合中央会から創刊され、昭和六年には発行部数が十万部を突破、賀川のこの小説の連載が開始された年には五三万部、翌年には一一七万部を数えたと言われます。

賀川はこの連載の「予告」にこう書きました。「農村の荒廃は極度に達し、都会の混沌は言葉に盡せない。それを救ふ道は産業組合の外に無い。（中略）東北の一寒村に育ち共愛共助の運動に恵まれぬ一青年が、如何に苦心して自己の村を再建するか？　それにまつはる愛欲の軌道は何を示すか。（中略）日本は産業組合の外に救ふことは出来ない。そして、この運動こそ最も劇的な問題を提供するのだ。」と。

久しく絶版となっていた本書は、三五年後の昭和四三年に「家の光協会」より、関係者の思い出など加えて箱入りの上製本が再刊され、さらに賀川豊彦献身百年記念の平成二一年にも、同じ「家の光協会」より「復刻版」が上梓されました。しかしいずれも現在では入手困難な状態が続いていて、今回の『選集』の中に上記の名作二つが収められることになったことは、私たちにとって誠に大きな吉報といわねばなりません。

（二〇一七年一〇月一〇日記す）

補記　本書はいずれも原書（『一粒の麦』は講談社版、『乳と蜜の流るる郷』は改造社版）を底本とした。検閲による伏字個所は『一粒の麦』の方に数カ所あるが復元されていない。原文にはすべてにルビが付されているが、本書では必要個所のみにとどめた。なお『乳と蜜の流るる郷』には挿絵が八枚あるが本巻ではすべて割愛した。

付録3　『賀川豊彦著作選集』第五巻所収の「三浦清一氏の草稿へのコメント」

『兄啄木の思い出』（理論社、一九六四年）の著者・三浦光子の夫が、本書の編纂を行った三浦清一である。一九五五年に刊行された『発車―基督者詩歌集』（キリスト新聞社）にある三浦清一のプロフィールには、次のように書かれている。

「明治二十八年熊本県竜野村の出身。日本基督教団東神戸教会牧師、神戸愛隣館長、兵庫県会議員。十八歳の秋幸徳秋水著『社会主義神髄』を読んで社会主義に共鳴、以来その実践運動に入った。大正四年入信、福岡神学校に学び聖公会の牧師として牧会に携わったが、昭和十六年大戦勃発と共に収監され、聖公会より追放同様の措置を受け、以後賀川氏の援助の下に、社会事業経営その他に尽くしている。戦前『日本詩壇』同人。著書に『エペソ書の精神』『小説・愛の村』『救癩運動の先駆者』等。『草苑』同人」

これは三浦が一九五五年の時点のプロフィールを自ら記したものと思われるが、三浦には戦前（一九三七年七月）富士山麓の山中湖畔において青年向けに行った立派な講演集『私的宗教生活の瞑想』（日本聖徒アンデレ同胞会）が、翌年七月に上梓されており、詩人でもある三浦には、賀川豊彦と阪本勝（兵庫県知事）が一文を寄せた詩集『ただ一人立つ人間』（的場書店、一九五六年）がある。私が神戸イエス団教会に招聘されたのは一九六六年で、すでにその四年前には三浦清一はその生涯を終えていた。しかし特に私にとって深く心に刻まれた三浦清一の著作は、何といっても知る人ぞ知る名著『世界は愛に飢えている—賀川豊彦の詩と思想』（的場書房、一九五七年）である。

『悲しき啄木』の著者として知られる三浦清一の妻・光子は石川啄木の妹であるが、夫清一の没後、一九六四年には好著『兄啄木の思い出』（理論社）を上梓している。

ところでその後、嬉しいことに二〇〇五年八月には、藤坂信子の好著『羊の闘い—三浦清一牧師とその時代』（熊日出版）が著わされて、明治から昭和の激動の時代を生きた三浦清一・光子夫妻の全生涯を詳しくたどることができるようになった。

このたび、桜美林大学創立百年記念事業のひとつとして『賀川豊彦著作選集』（全五巻）の刊行が企画され、その責任者である川西重忠先生（桜美林大学名誉教授、アジア・ユーラシア総合研究所長）の御好意で、最近発見された三浦清一編纂になる『賀川豊彦随筆集』が、今回の企画の「第五巻」として急遽加えることをご決断いただいたことは、誠に大きな出来事であると言わねばならない。

この草稿は、「第五巻」の末尾に収めた三浦の「賀川豊彦氏の随筆」において記すように、戦後すぐ「一九四六年二月、神戸愛隣館にて」書き上げていた草稿であるが、なぜか賀川豊彦の存命中も、また三浦の生前（一九六二年七月にその生涯を終える）にも出版に至らず、三浦の書斎に眠ったまま置かれていた。

神戸の賀川記念館が開館されたのは一九六三年の四月であるが、この草稿がどのような経緯で記念館へ寄贈されることになったのか詳細はまだ確かめてはいない。そして二〇〇九年に新しい賀川記念館が完成した後、本巻の「解説」を担当された賀川記念館の参事・西義人さんによって、先年偶然に発見されたのである。すぐにこの草稿に目を通す機会をいただき、接写を済ませていた。その後、記念館の方では「語り部」の大沼智得さんの手で、丁寧なデータ化も進められ、賀川記念館として本書の刊行の機会を待っていたところに、今回の『選集』企画となった次第である。

さて、草稿の表紙には、先ず真ん中に「賀川豊彦随筆集」と書かれ、その左下に「三浦清一著」と墨書きされており、それが両方ともに墨筆で棒線を入れて消された後に、新しく右肩に大きく「神を指呼して」と左に「賀川豊彦著」とが書き足されていたのである。本文の見出しにも「神を指さす」という表現もあり、書名は三浦の決めた『神を指呼して』とすべきところであるが、本選集版においては、書名を『賀川豊彦随筆集』とし「三浦清一編纂」とさせていただいた。

周知のとおり、賀川豊彦には多くの小説や詩集、論文や講演記録など多分野にわたる著作があり、『地殻を破って』『星より星への通路』『雷鳥の目醒む前』『地球を墳墓として』などの秀逸な随筆集が編まれている。戦前には、作家の鑓田研一の努力で、賀川豊彦の随筆を集めて二冊の大著―『人生読本』（昭和一一年）、『宗教読本』（昭和一二年）―を第一書房より刊行している。鑓田の仕事は昭和一二年までの賀川の随筆集であるが、今回の三浦清一編纂になる『賀川豊彦随筆集』は鑓田の仕事を引き継ぐ労作である。鑓田の編纂した『人生読本』では所収の随筆の典拠を示していて便利であるが、三浦の編纂したものには、賀川の著作の「序」を抜き出したものの他はその典拠を確認することが難しく、ここでは草稿のままにし、慣れない漢字に適宜ルビを付しておくにとどめた。正確を期し、可能な限り原書に当たり、校正を進めた。

（二〇一七年一一月一五日記す）

付録4　「死線を越えて我は行く」―KAGAWA GALAXY―

はじめに

昨年（二〇一七年）、初めての文庫本『賀川豊彦と明治学院・関西学院・同志社』を刊行した折、本誌研究員の菅谷明良氏から「賀川豊彦生誕一三〇周年記念を飾る好著が出来た」と喜んでいただきました。加えてこの度は、ＩＣＡ声明にいう「協同組合は、それぞれの創設者の伝統を受け継ぎ～」の記述に因み、本誌において「協同組合の創始者・賀川豊彦」の特集を企画され、私にも執筆の打診を受けました。

与えられたその企画書には、標記の魅力的なタイトルとともに「賀川豊彦の原点ともいうべき、神戸スラム街での生活がどのようなものであったのかを、賀川の著作や同労者武内勝などの証言を通して、賀川のあの冒険的な人生の全生涯のなかにいきづいている大切なあるものを描いていただく」と記され、早速その企画書をもってわざわざ神戸の賀川記念館まで足を運ばれ、このたびの特集への意気込みを熱く語って下さいました。とりわけ「賀川豊彦の最微者（いと小さきもの）への視座」に注目され、「賀川生誕百年」（一九八八年）に書き下ろした拙著『賀川豊彦と現代』の「はしがき」に記した上記の「賀川のあの冒険的な人生の全生涯のなかにいきづいている大切なあるもの」に話題が及びました。

一　賀川生誕百年記念モニュメント

さて、ここに与えられた主題「死線を越えて我は行く」という言葉は、「賀川豊彦生誕百年」（一九八八年）を記念して、神戸の賀川記念館の近くにある生田川公園に建てられたモニュメントの、中央の赤御影石に彫られているものです。このモニュメントは、人びとが集う家を表して、屋根はクロスして十字架を表すといわれます。

「死線を越えて我は行く」という言葉はもちろん、賀川豊彦を世にひろく知らしめることとなった有名な小説『死線を越えて』（改造社、大正九年）に因むもので、彼はこの言葉でよくサインをしました。私の手元にもこの言葉のサイン入りの著書があります。豊彦は学生のとき、病床にあって、最後の告別祈祷会まで開かれるなか、生死の危機を脱して、彼に備えられた神のご委託—貧民問題を通じてイエスの精神を発揮する—に応答する冒険的人生の始まりでした。

大正八年発行の賀川の処女詩集『貧民窟詩集　涙の二等分』（福永書店）には、歌人与謝野晶子による次の書き出しの長文の「序」があります。

「賀川豊彦さんに対して、近頃俄かに世の中の人の目が集まります。青年学徒、社会改造家、労働者、評論家、宗教家として、多方面に示される賀川さんの熱誠と、博識と、勇気と、活動とには、全く目覚ましいものがあります。…」

その「序」のあと、熱い思いを刻む、賀川の「自序」が続きます。

「不思議な実在としておかれ、苦悩と絶望と愛と歓喜と病躯の中に据えられた私が、死の影に逍遥して生まれたのが、この一篇の詩集である。／宇宙の苦悩を見たものは死なねばならぬと、私は常に考へて居る。そして贖罪者イエスの弟子として、私もその重荷をくくりつけられ、たじろぐ足に、貧民窟の隅で泣かねばならぬ実在として、私は造られた。／私は何度社会苦に煩悶して自殺しやうとしたか知れぬ。神がもし、私を感受性の人間に作ら無かったなら、こんな苦悩は無いであらうが、眼を涙壺のやうにして、貧民窟の路地を嘆きつつ歩ますやうに捕へ給ふた神は、自殺したつもりで、私を泥溝の中へ、叩き込みなさるのである。／私はひこづられて行かう。ただもう贖罪者イエスの十字架を負せられて、世界の嘲罵と怒号の中を、沈黙のまま、静かにカルヴァリーまで歩まう。」（一～三頁）と。

二　最初の散文詩『地殻を破って』

小説『死線を越えて』を書き上げる前に『貧民心理の研究』『精神運動と社会運動』『人間苦と人間建築』『主観経済の原理』の大部な著作を連続して世に問い注目を集めていましたが、前記の詩集に加えて、大正九年には最初の散文詩『地殻を破って』（福永書店）を出しました。賀川の散文詩（随筆）も『星より星への通路』『雷鳥の目醒むる前』など逸品ばかりですが、『地殻を破って』の「貧民窟十年」には、次のように記しました。

「私が貧民窟へ這入ったのは道楽にではありませんでした。それは宗教上の或る確信を持ってでした。その時私は病気の為めに保養から帰って間も無いことでしたが、どうせ死ぬのなら貧民窟でと考へました。五畳敷の家を借りて、ディケンスの『クリスマス・カロル』を思ひ乍ら、恰度一二月二四日クリスマスの晩に、新家の借家へ這入ったのでした」（一九一頁）。

昭和六年刊行の改造社版「現代日本文学全集」第五九篇『賀川豊彦集』は、『死線を越えて』『太陽を射るもの』『壁の聲きく時』の三部作に、顔写真と自ら纏めたと思われる詳細な年譜に加えて、一枚の「賀川原稿用紙」に筆書きした以下の署名入りの「序詞」を飾っています。

「私は　不思議な運命の子として　神聖な世界へ目醒めることを許された。そして人間の世界の神聖な姿と　自然に隠れた神聖な実在を刻々に味ふことが　私の生活の凡てになってしまった。二十二の時に　貧民窟に引摺られたのも　この神聖な姿が　私をそこへひこずって行ったのだった。そして　私の芸術も　この美を越えた聖　生命の中核となす聖なるものを除いて何ものでもない。　賀川豊彦」

この「序詞」は、賀川の故郷・徳島市の眉山山頂の茂助が原に建立されている「文学碑」に刻まれています。

三　KAGAWA　GALAXYの一人「村島帰之」

昨年九月には賀川豊彦学会がはじめて神戸で開催され、「賀川豊彦と神戸―KAGAWA　GALAX

Y」という主題の記念講演を担当させてもらいました。そこで賀川と歩みを共にした武内勝・吉田源治郎・黒田四郎・徳憲義・馬島僩・芝ヤヘ・三浦清一・深田種嗣・木立義道・牧野仲造・井上増吉らを取り上げましたが、本稿では、賀川の数年後輩で、若き日より賀川と交流を持ち、新聞記者として賀川の活動を紹介して、「死線を越えて」を世に出す産婆役を果たした人として知られる「村島帰之」の証言を公開しておきたいと思います。

今日では、村島の著作選集もありますが、昭和二六年に書き下ろした『賀川豊彦病中闘史』(ともしび社)は広く知られ、新しい復刻版も出されています。彼は、豊彦が波乱の生涯を閉じる前年(一九五九年)、自ら闘病中にあるなか、兵庫県立労働研究所の求めに応えて『労働運動』誌において「労働運動昔ばなし」を執筆し、一四回にわたる貴重なドキュメントを残しました。それに触れる前にまず、村島の略年譜をまとめてみました。

村島帰之の略年譜

明治二四年　奈良県生まれ。早稲田で学ぶ。
大正四年　大阪毎日新聞社入社。賀川との交流が始まる。
大正七年　出世作『ドン底生活』出版。そこで賀川を紹介。
大正八年　友愛会関西同盟発足(理事長賀川、理事・村島)。村島が賀川の小説「死線を越えて」を雑誌『改造』へ寄稿斡旋。大阪毎日新聞社神戸支局へ転勤。『生活不安』出版。

大正九年一月〜五月　賀川の小説『改造』に連載。一〇月、『死線を越えて』（改造社）出版。大阪本社社会部へ転勤。『サボタージュ・川崎造船所怠業の真相』出版。

大正一〇年夏　「川崎三菱大争議」。村島『吾輩はプロレタリアである』出版。

大正一一年　日本農民組合（理事就任）。イエス団の日曜礼拝出席。そこで宮沢しづえと会う。『わが新開地』出版。

大正一二年　賀川のイエス団での説教を筆記『イエスの日常生活』出版。八月、「第一回イエスの友修養会」（御殿場）参加。九月、関東大震災。一二月、賀川夫妻の媒酌で宮沢しづえと神戸で結婚。新婚旅行は本所支援。「東京日日新聞」社会部に転勤。

大正一三年二月　前年八月の賀川の御殿場ヨブ記講演を筆記し、『苦難に対する態度』出版。六月、賀川の『愛の科学』編集出版。七月、賀川より御殿場の東山湖で洗礼。九月、毎日新聞大阪本社に復帰。西宮に住む。

大正一四年　四貫島セツルメント理事。八月、賀川の祈祷を筆記して『神との対座』出版。『歓楽の墓』『労働争議の実際知識』出版。

大正一五年　大阪労働学校。『ドン底の闇から』出版。

昭和二年　農民福音学校。

昭和四年　『善き隣人—方面委員の足跡』『歓楽の王宮カフエー』出版。関西学院文学部の講師。

昭和六年七月〜一一月　賀川豊彦・小川清澄と共に米国へ（「アメリカ巡礼」執筆）。

昭和九年　大喀血重態で休職。

昭和一二年　健康回復して社団法人白十字会（東京）総主事。千葉県市川市に住み、一三年には横浜へ。
昭和一三年　「本邦労働運動と基督教」を『雲の柱』一三回連載。
昭和一六年　賀川の闘病書『病床を道場として』を白十字会より出版。
昭和二一年　平和女学校を開校。
昭和二三年　『美しき献身』出版。
昭和二四年　平和学園創立（学園長就任）。クヌーテン『解放の預言者』（小川清澄と共訳）出版。
昭和二五年　「預言詩人・賀川豊彦」（『火の柱』二〇回連載）。早稲田の講師辞す。
昭和二六年　村島、賀川の『少年平和読本』を連名で出版。『賀川豊彦病中闘記』出版。
昭和二七年　世界連邦アジア会議（議長・賀川）協議員として参加し、講演。
昭和三四年　賀川『病床を道場として』福書房より再版（村島の新たな解説）。五月「労働運動昔ばなし」（兵庫県労働研究所『労働研究』一四回連載）。
昭和三六年　村島『潮騒はささやく―学園と共に一五年』（平和文庫）。
昭和三八年　村島『松風のひとりごと―潮騒はささやく続編』（平和文庫）。
昭和三九年　村島帰之・しづえ『愛と死の別れ』（光文社）出版。
昭和四〇年一月一三日　村島帰之召天（七三歳）。

四　村島帰之の「賀川豊彦追想録」より

上記連載「労働運動昔ばなし」の第七回で、賀川の死を悼みつつ「賀川豊彦追想録」を書き「死線を越えて」の裏話を記しました。賀川と同時代を生きたこの貴重な証言は、本稿の主題とも直接かかわるもので、長文の引用になりますが、あえてそのままここに抜き書きさせていただきます。時代を刻む表現ですが、じっくりと味読いただければ幸いです。二一世紀の今日、「賀川豊彦」の名前も小説『死線を越えて』も知らない人々も多く、キリスト教界でも「生活協同組合」の関係者のなかでさえも「賀川豊彦」は記憶から消えつつあります。このような中にあって、あえてこの企画が組まれたことの意義はたいへん大きいものがあります。なお、先般一般財団法人アジア・ユーラシア総合研究所によって、新しく『賀川豊彦著作選集（全五巻）』が刊行され、いま話題を呼んでいます。この『選集』は生協関係者にとっても必携の書になりました。

さて、早速「村島帰之」の書き残した「賀川豊彦追想録」の重要な個所を抜き書きします。

「賀川氏が世界的に有名になったのは氏の信仰や学識やそれにもまして、貧しき者、病める者、悩める者に対する献身と全生全霊を投げ出したキリストの実践にあったことはいうまでもないが、広くその在生を知らしめる直接の動機となったのは氏の処女作、小説『死線を越えて』であったといえよう。」

「ではなぜ『死線を越えて』はそんなに売れたのか。それは作者の神戸葺合新川部落における祈りと愛の奉仕の驚くべき貧民窟生活がなまなましく描き出されていたからである。ゴロツキや売春婦や不良少年や貰い子殺しやアル中毒の人たちと共に住んで、時にはドスで脅迫され、ゲンコでなぐられながら、なお貧しい人たちのための奉仕をやめようとしなかった活きた信仰の実録が、読者の心を動かしたのである。そして多くの純真な青年男女が貧民窟に賀川氏を訪ねて、あるいは奉仕を申し出で、あるいは求道者となった。戦後に大臣となった水谷長三郎氏やマスコミの大スター大宅壮一氏などもその一人で、両氏とも神戸の貧民窟の寒々とした説教所で賀川氏からキリストの弟子となる洗礼の式をしてもらった。

勿論『死線を越えて』が出る前から、賀川氏の名はぼちぼち新聞や雑誌にのっていた。新聞で最も早く賀川氏の真価を知り、紙上で屡々同氏の働きを紹介し、またその寄稿をのせたのは大阪毎日新聞であった。雑誌で最も早く賀川氏をとらえたのは『日本評論』であった。しかし、『日本評論』雑誌が小さかったため一部に知られたに止った。賀川氏を最も有名にしたのは、何といっても『改造』である。その頃の『改造』の編集長は横関愛造氏だった。そして横関氏と賀川氏の橋渡しをしたのは、かくいう筆者であった。

確か大正七年の末頃だったと思う。横関編集長から『神戸に賀川という変った学者がいるそうだが、もし君が知っているのだったら、改造に何か書いてもらってくれ』という手紙が来たので、賀川氏に話したのが、賀川氏と改造とを結ぶそもそもの初めであった。

間もなく『改造』の社長の山本実彦氏が西下して賀川氏を新川に訪ねた。山本社長は、賀川氏のスラムの事業に深い感銘を覚えた。そして、話しあっているうち、賀川氏の古い小説を『改造』にのせる相談がまとまった。それが『死線を越えて』で、一部分は『改造』にのったが、中途から『改造』へ掲げるのを中止し単行本にして出版したところ、日本の出版界始って以来の売行きを示し、賀川の名は津々浦々にまで聞えるようになった。」

「私はこの小説が『改造』に載る以前、その原稿を葺合新川の氏の宅で見たことがあった。罫も何もないロール半紙に、天地左右の余白もあけず、ぎっしりと詰めて、毛筆で書いた原稿を示された時、実をいうと、四、五枚読んだだけでウンザリした。

この部分は、氏が貧民窟に入る遥か前、三河蒲郡の海岸で、呼吸器病の療養をしていた頃書出したもので、氏の文学青年時代の平凡な恋愛小説である。氏はこれを明治学院の先輩である島崎藤村に閲読を乞うたことがあったが、藤村は丁寧に一覧した後、『これは後になってあなたの大切な記録となるでしょうから、大事にしてしまって置きなさい』と評して返された。藤村のその書信を氏は序文のつもりで、原稿の最初の頁に綴込んでいたが、スラムに入ってから、誰が洟《はな》をかんだのか紛失した―と、私に語った。

小説は、その後、氏の血のにじむやうなスラムにおける体験を附け足すことによって、後世に残る大作品となった。『改造』に『死線を越えて』と題して掲載された最初の部分は前記の時のものそのままであったが、後半は中途から洗練された筆で新しく補足された貴重なスラムのルポルタージュであった。

改造社で、『死線を越えて』を単行本として出版する議の起った時、私は前記横関氏から相談を受けた。私は迚《とて》も売れるしろものではないと思ったのでその旨返事をした。横関氏から折返し手紙が来た。それには『君の返事の来るのが遅かったので、山本社長の言う儘、兎に角出版することとした。僕も些か不安だ』と記されてあった。

『死線を越えて』が本になって世の中に出た。氏としてはそれ以前に『イエス伝論争史』とか、『貧民心理の研究』とか、その他宗教書や少年向読物などの著書はあったが文学書、特に小説としてはこれが最初のものだった。

その頃、世間の一部では、頭脳の秀れた学者としての氏の価値を認めはじめてはいたが、文学方面の作者としての氏を認めるものなどは全くなく、従って書物の売行も香しくはなかったが、出版者は思いきって広告をして見ようということになった。山本社長の賀川心酔がそうさせたのである。

そこで半頁大の新聞広告を出し一頁大のをさえ出した。半頁一頁の広告は、その当時にあっては珍しく、広告料単価の低廉の売薬以外に、そんな大広告をする向はなかった。一行の広告料は六〇銭ぐらいであったが、一段一四〇行として半頁一六段の広告料は六〇〇円であった。その半頁広告を一新聞に一度だけでなしに、何回も繰返して一流新聞の凡べてに掲載したのだから、宣伝費は何万円—今日なら何千万円—という巨額に上った。

こう油をかけられては、つい釣られて読むようになるのは人情で『死線を越えて』は売れて行った。大正九年一〇月に初版を出したのがわずか三ヵ月で三万部を売りつくし、一〇年一月に入って今度は思いきって五万部を増刷した。

そこへ、降ってわいたごとく神戸の大労働争議が勃発した。『死線を越えて』の初版刊行後八カ月目の大正一〇年六月一二日の事である。神戸川崎、三菱両造船所二万六千の労働者は大罷業を起した。指揮者は野倉万治氏でこれを助ける参謀がほかならぬ賀川豊彦その人である。そして大示威運動の余威は遂に警官と乱闘を演じ抜剣騒ぎから職工側に死人をさえ出して、賀川氏らは警察に引致され、短時日ではあったが、囹圄の身となった。賀川氏は忽ちにして「新時代の英雄」となった。

『死線を越えて』の出版社が、これを看過する筈はなかった。神戸に大争議のリーダー賀川の血を以て綴った小説を読まずして、新時代を語る資格はないと許り、連日、デカデカと新聞の半頁を越える大広告の連発である。世間はおッ魂げてしまった。そして『死線を越えて』を読まねば恥のように考えて、人々は争ってこの本を手にした。」

「小説の売行の素晴しいのを見て、これを舞台化する者も出て来た。争議の済んだ三カ月後の一二月に東京では伊井蓉峰、関西では少し遅れて沢田正二郎及び生命座の連中がこれを上演した。神戸の中央劇場で沢田が『死線を越えて』を上演した際には、新川の貧民窟のゴロツキ連も、噂を聞いて見に行った。そして自分達らしい人物が舞台に活躍しているのを見て、早速尻をまくって賀川の前に坐り込んだ。

『先生、あんたはわし等の事を小説に書いて、百両（彼等は百両を最も大きい金額と心得えていたらしい）も儲けたというやないか、割前を出せッ』と脅迫し、はては短刀を閃かして賀川及び夫人を追いまわし、春子夫人は彼等の鉄拳を頭上に受けて負傷するという騒ぎさえあった。

私は葺合新川のスラムには、氏の案内で度々足を踏入れ、氏が九年八ヵ月の永きに亘って住んだ二畳敷をも知ってはいたが（そして貧民の特有な心理は『死線を越えて』以上の氏の名著『貧民心理の研究』に依って教えられてはいたが）小説を通じて、氏の忍従と苦闘の記録を読むことによって、感激は更らに一層切実なるものとなった。私は『死線を越えて』の原稿時代、はじめの部分を数枚だけ読んで『なんだ、つまらない』と投げてしまった自分の不明を恥じた。

『死線を越えて』が一五〇版を刷った時、氏は時勢の駸運に伴い、或る種の文字を削除したいと思立った。そして、私は氏から頼まれて、全巻を改めて目を通し若干の添削をした。往年、この本は売れまいと予言した私がである。私は朱を入れ乍ら微苦笑を禁じ得なかった。

『死線を越えて』は誰知らぬ者とてはないほどに普及した。『賀川豊彦』の名も、今は天下に隠れもない普遍的な名となった。そして『死線を越えて』のおかげで、見るもいぶせき葺合新川部落も一躍して、日本の一新名所となった。しかし皮肉なことには『死線を越えて』で名高くなった新川の密集地帯は、『死線を越えて』によって破壊される運命を辿った。というのは、政府はこの書物に刺戟されて、六大都市の不良住宅の改善を断行することとなり、遂に賀川氏の思い出深い二畳敷を始め新川部落が殆んど痕跡をとどめないばかりに取り払われたからである。」

最初の原稿料一千円

「『死線を越えて』が出版された当初、賀川氏が受取った稿料は一千円也であった。あれだけの売行を見せた『死線を越えて』の印税としては千円は余りにも少いと思う読者が多いだろう。しかし、原稿を受け渡しする時には、著者も出版者も、まさかそれほどの売行を見ようとは考えなかったため、千円でも多過ぎる位に思ったのである。しかし、三万と売れて行くのを見て、出版者山本社長は自分独りが儲けては相済まぬといって（あとを書かせようというコンタンの方が大きかったかもしれない）改めて印税の契約を作り、定価一割の印税を支払うこととした。印税となると、本の売れる限り、賀川氏のポケットはわき出る泉のように金がはいった。その尽きざる黄金の泉は、多く貧しき人々をうるほし、各方面の社会運動を助けた。

『死線を越えて』は上篇だけで三五〇版という驚威的売行を見せ、一〇年一二月には中篇『太陽を射るもの』が刊行された。これは賀川が大正一〇年七月神戸の争議で橘分監に収監された折、破格の待遇とあって特に支給された蚊帳の中で書始めたもので、たちまち二〇〇版を重ねた。『太陽を射るもの』に続いて下篇『壁の聲きく時』が出て二〇〇版を重ねた。これは神戸の争議当時のことが記されていて、私も『新聞記者島村帰之』の名で登場している。この上中下三篇の小説は合せて五〇万部を売りつくし約一五万円（今の貨幣価値に換算すると約五千万円）という少からぬ印税が這入ったが、賀川はそれを私する事なく先ずその中の一万五千円を割いて神戸新川部落救療事業友愛救済所に投じその事業を財団法人組織とする事とした。友愛救済所は賀川が貧民窟生活一〇年の尊い経験から、霊の救いと同時に肉体の救療の必要を痛感し、大正七年以来経営していたもので一カ年の救療延人員六～七千人にも及んだが、費用のかさむ一方において寄附金も少く、賀川自身の収入も少なかったため、『死線を越えて』の出る直前―大正八年の初め頃には薬の代金にすら事をかき、暫くではあったが診療所を休業した事さえあった。この苦い経験から救済所を財団法人組織にしたのであった。」

社会運動のドル箱

「神戸の争議の後始末にも約三万五千円が『死線』の印税から支払われた。一二〇名を越えた収監者の差入れの費用に充てられ、また首魁と看倣された野倉万治氏に対しては、その下獄中、家族の生活費として月々一〇〇円づつを贈っていたのを筆者は知っている。

鉱山労働の運動に対しても、五千円内外の金を注ぎ込んでいたことは、浅原健三氏の書いたものの中に現れている。また大正一〇年一〇月、杉山元治郎氏を引張って来て日本農民組合を創立した時にも、その創立に要した費用は全部賀川が印税収入から支弁した。

杉山氏を始め幹部の俸給の如きも賀川氏が永い間負担していた。その総額は少くとも二万円には上っていよう。一一年六月に大阪労働学校を筆者や西尾末広氏が中心となって創立した時も賀川氏は五千円という金を惜しげもなく投げ出してくれた。この外、消費組合その他の運動のためにも金は消えた。こうして小説『死線を越えて』は、かなり久しい間、日本の社会運動の金穴を勤めたもので、賀川の印税収入の減少した後までも、『賀川の処へ行けば金を作ってくれる』と考えて、金策を申込む向が随分多かったものである。もし賀川家の家計簿を公開する機会があったとしたら、労働組合や無産党や、時には予想外の方面に、賀川氏のポケットマネーが出ていた事を発見するに違いない。筆者の知人に金倉という篤信の婦人があって、その夫君は十五銀行の神戸支店長を勤めていたが、その話に、『死線を越えて』の出た頃、賀川氏の預金は一時に何千円という多額が這入るが、利子のつくほどの日数を預けている事は殆んど稀れで、直ぐゴソッと引出される。間もなく又大金が預けられるが、それもまたたくうちにすっからかんになって、賀川氏の口座は大金が動くのにも拘らず、それが銀行に止っている期日は極めて僅少であった—という事であった。なければないで、またあればあるで、出し渋るのが金であるが、賀川氏の如く、自ら文字通り一枚の衣を着粗食を食べて、這入っただけの金を惜しげもなく貧しき人々や社会運動に払出した人物は少ない。」

五　角川文庫版『死線を越えて』改版の豊彦の「序」

ところで、昭和二八年の角川文庫版『死線を越えて』上巻には、巻末に木村毅の「解説」を付して賀川豊彦の「改版の序」が添えられました。これは、豊彦晩年の忘れることの出来ない言葉です。

「花はしぼみ、葉は散る。今日の花嫁は、しばらくして老婆に化して行く。さらばといって、常住不動の世界に住めば、退屈してあくびが出る。絶対者が有限の世界に、愛欲の表現を持ち、進化と発展の芸術に、生と死をもって色彩をつけてくれたところに、人生の妙味はある。死線を越えてみれば、人生はまうけものである。一切を空とあきらめて、そこに新しく贖罪愛の舞台を演出すれば、それがどんな隅っこの芝居であっても、味はひがある。死線を越えてみれば、人生のつまづきも、冒険も、怨恨も、争闘も、神の大きな御手のうちに結論を見出すべき生命芸術である。それは夢としてはあまり深刻すぎ、全部が誤謬であるとするにはあまりにも現実すぎる。勿論全部が神の責任ではない。私と私の祖先に責任がある。しかし舞台は全能者が張り出してくれた舞台であるだけに、全能者も、また責任を持ってくれる。舞台監督は神である。役者があまり傷つけば、繃帯をしてくれる。要するに人生は退屈しないやうに出来ている。邪淫と暴力と異端者が脱線を始めるとすぐ人生の空振りが始まる。そして血の噴火がおきる。実在者のうづきの聲が聞えてくる。一九〇〇年前、パレスチナの砂漠の一角における大工イエスの憂愁は、実在者のもだえを人間の魂に奪い取った。それ以後、歴史の鼓動は大工イエスの脈拍を標準として数へることになった。だが、日本はナザレの大工の血脈を充分受けつがないうちに、衰亡してしまった。これからそのナザレの大工の血をもって輸血する必要があらう。日本も今度は死線を越えねばならぬ。一旦亡びた日本は、墓を打破って復活すべきだ。その復活のために私は再びこの小著を改版することを喜ぶ。

日本よ、早く死線を越えてくれ！

一九四八年三月二八日

賀川豊彦」

右の賀川豊彦のおもいは、わたしたちのこころに、いまも、そしてとわに生きつづけます。

以上、主題に即して引用ばかり多いものになりましたが、本特集を期にして、創立者「賀川豊彦」の悲願を二一世紀にいっそう輝かせるために、「生活協同組合」のはたらきがいっそう大きく進展することをねがいつつ筆をおきます。

（二〇一八年六月二五日記す）

（本稿は『生活協同組合研究』二〇一八年一〇月号のための初稿で、同誌には本書「終章」に収めた別稿が掲載されました。）

あとがき

「はしがき」に記したような経緯で、本書は新しく産まれることになりました。わたしたちが神戸市民になったのは一九六六年の春のことです。あの激動の一九六〇年代・一九七〇年代を経ていまは二〇一九年の春、世界も日本も大きな変革の歴史を刻み、わたしたちのまちも大変貌を遂げています。

「番町出合いの家」がスタートしたときは、すでにわたしたちのまちに「部落解放同盟番町支部」ができていました。そして「部落解放同盟神戸市協議会」をつくり、一九七五年には「部落解放同盟正常化連絡会議」、翌年には「全国部落解放運動連合会」、そして二〇〇四年には「地域人権運動連合会」の組織の下で、昨年（二〇一八年）四月には、ここからも「卒業」し、これまで神戸において地道に取り組みをすすめてきた自立的な四つの組織―「ＮＰＯまちづくり神戸」「人権と民主主義を育てる会」「教育・文化協同組合」「民主企業組合」―の連絡調整機関「安心・しあわせネットワーク」となづけた「神戸人権交流協議会」の一員として、その活動に加わっています。

本書にも包み隠さず公開したように、最初の住まいとなった「中根アパート」の六畳一間の暮らしから、改良住宅の建設にともなって「仮設住宅」への二度の引っ越し、そして現在の場所に建てられた神戸市営の改良住宅への入居をはたしたあと、一九九五年のあの阪神淡路大震災による住宅の全壊に遭遇。一時は仕事場の一室で過ごし、さらに避難先での仮住まいも経験しました。ありがたいことに再建された改良住宅への戻り入居も可能となり、現在の住まい（十四階建ての十一階、六甲の山並みを眺め、ベランダからは高取山や須磨アルプス、そして瀬戸内海を遠望し、綺麗な夕焼けを満喫できます）になっています。おそらくこの場所が、わたしたちの終の棲家になるものと思われます。

わたしたち夫婦の場合、一九六四年三月の卒業と同時に結婚、最初の任地・滋賀県近江八幡市の仁保教会と野洲伝道所での新生活をはじめました。同年五月一四日、夫婦ともに京都丸太町教会において日本基督教団の「准允」（伝道師就任）、一九六七年一一月二七日には神戸教会において「按手礼」（牧師就任）、翌年一九六八年の春から「番町出合いの家」を開設・認可。そこで「在家労働牧師」としての実験を開始しましたので、わたしたちはその時点で、「既成の教会」と「教会の牧師」の生活を背にして歩むことになりました。

「現代においてひとりのひとが信じて生きるということはどういうことだろう」「教会とはなんだろう」「牧師として生きるということはどういうことだろう」という初発の問いは消えるものではありません。なんともたどたどしいわたしたちのこの「小さな実験」の貧しいレポートも、何かの捨て石にでもなりはしないかと思いつつ、もっぱらわたしたち自らのこれからの歩みのために、この本づくりを手掛けてみました。自分で今読み返してみて、新婚時代の少々気負った試みなどいつも未熟なものばかりで、気恥ずかしさのようなものを覚えますが、わざわざ本書を手に取ってお読みいただいた方々に、もしも何か伝わるものがあるとすれば、望外の喜びです。本書の奥付には、あえて現在の住所も記しておきましたので、厳しいご批評とともにご感想などいただくことができればありがたく存じます。

このたびクラスメイトの犬養光博さんが、最近上梓された『「筑豊」に出合い、イエスに出会う』（いのちのことば社、二〇一八年一〇月）を贈って下さいました。犬養さんとは高校生の時、同志社大学神学部主催の琵琶湖畔での「献身キャンプ」に一緒に参加したときからの友人です。彼は神学生時代（一九六一年）に「筑豊の子どもを守る会」のキャラバン隊に参加したのを皮切りに、一九六三年から一年間休学して筑豊で生活し、卒業後一九六五年四月からは奥様と共に「日本基督教団福吉伝道所」を開設。長年にわたり地域の人々と共に歩み、カネミ油症事件や「在日」の問題などに地道な関わりを重ねて、二〇一一年三月で伝道所を閉じ、いまは長崎県松浦市におられます。犬養さんの新著は、半世紀にわたるご夫妻の歩みを刻んだ貴重な記録です。

終わりに当たって、難しい事情のなかを、この本づくりへのゴーサインが相方から出たことで作業は一気にすすみました。そもそも「番町出合いの家の小さな実験」は夫婦二人三脚の歩調が整わなければ一歩もすすむものではありませんでした。ここまで歩んできたわたしたちのこの愉快なモグラ暮らしは、これからもよき友に囲まれて、ぼちぼちゆっくりと導きのままにすすんでまいります。変わらぬご友誼をよろしくお願いいたします。

そしてこの度は、部落問題研究（人権問題研究）の老舗として大きな仕事を積み重ねてこられた京都の部落問題研究所の梅田修先生にお世話になり、読みやすく仕上げていただきました。ここに厚く御礼申し上げます。

二〇一九年四月一六日

神戸市長田区　番町出合いの家にて

鳥飼慶陽

追記　地元で開かれる恒例の新年学習会で、本年は「賀川豊彦と現代」というお題をいただいてお話をさせていただき、三月一日~三日まで沖縄・玉城青少年の家で開催された RYLA（Rotary Youth Leadership Award：ロータリー青少年指導者養成プログラム）のセミナー（校長・嶋村文男氏）でも、「賀川豊彦」を語る機会をいただきました。ありがたき幸せに存じます。

鳥飼　慶陽（とりがい　けいよう）

1940年鳥取県倉吉市関金町生れ。南谷小学校・鴨川中学校・倉吉東高校を経て、1964年同志社大学大学院神学研究科卒。

日本基督教団仁保教会・神戸イエス団教会を経て、1968年より「在家労働牧師」の実験として「日本基督教団番町出合いの家伝道所」を開設、今年創立50年を迎える。その間、ゴム工員・神戸市社会教育課嘱託・神戸部落問題研究所（のちに社団法人兵庫人権問題研究所）・阪南大学・中京女子大学・神戸保育専門学院・神戸市外国語大学・甲南女子大学で非常勤講師、神戸自立学校世話人、神戸ワーカーズコープ・兵庫県高齢者生協・滝沢克己協会・社会福祉法人駒どり・社会福祉法人きょうどうの各理事、社会福祉法人イエス団の評議員など務める。第一回賀川賞受賞（2009年）。

現在、地元の「NPOまちづくり神戸」「安心・しあわせネットワーク」「番町地区ふれあいのまちづくり協議会」などに関わりつつ社会福祉法人駒どりの評議員、社会福祉法人きょうどうの理事など。

著書―『部落解放の基調―宗教と部落問題』（創言社、1985年）、『賀川豊彦と現代』（兵庫部落問題研究所、1988年）、『対話の時代のはじまり―宗教・人権・部落問題』（兵庫部落問題研究所、1997年）、『賀川豊彦再発見―宗教と部落問題』（創言社、2002年）、『賀川豊彦の贈りもの―いのち輝いて』（創言社、2007年）、『賀川豊彦と明治学院・関西学院・同志社』（文芸社、2017年）。他に共著、編著、論文多数。

住所　〒653-0013　神戸市長田区一番町3丁目1番地3-1119
TEL・FAX 078-578-6450
メール　2641urse@jcom.zaq.ne.jp

賀川豊彦と私たち―部落問題の解決と番町出合いの家―

2019年6月28日　初版印刷・発行
著者©　鳥飼　慶陽
発行者　梅田　修

発行所　公益社団法人部落問題研究所
〒606-8691　京都市左京区高野西開町34－11
TEL 075-721-6108　FAX 075-701-2723

ISBN978-4-8298-1082-8